マーケティング最先鋭の言葉

プロフェッショナルマーケター

守口剛 早稲田大学 商学学術院教授

MCEI東京支部
「プロフェッショナルマーケター」出版委員会 編著

ダイヤモンド社

はじめに

マーケティングの世界で著名なノースウエスタン大学のフィリップ・コトラー教授は、マーケティングは学ぶことは易しいが使いこなすには一生かかる、という趣旨のことを述べています。

使いこなすことが難しい大きな理由は、現実世界でマーケティングを実行する際の環境与件が千差万別だということです。優れたマーケティングを計画し実行するためには、対象となる顧客の特徴、競合企業の動向、自社の現状，マクロ経済の状況等々、考慮すべき要因が膨大にあります。

さらに，消費者の生活スタイルや技術の進展を背景として、マーケターが利用できる手法やツールも年々変化しています。それらの状況を的確に把握し、適切かつ有効なマーケティングを計画・実行すること、つまりマーケティングを使いこなすことは、かなり難易度の高い仕事であると理解できます。

本書の第1部では、マーケティングをまさに使いこなしている18名のプロフェッショナルマーケターの方々が、自身の経験をもとに、優れたマーケティングを展開するための考え方や、マーケターとして成長するために必要なことを披露しています。

18名の方々のポジションは、企業の経営者やCMO（Chief Marketing Officer）、コンサルタントとして独立して活動している方々など様々です。また、経験されてきた業界もバラエティに富んでいます。これらの相違を反映し、第1部の各パートでそれぞれの方々が焦点を当てているテーマも視点も異なります。

一方で、プロのマーケターが共通して重要視していることが多くあることも分かりました。例えば、顧客を理解するための観察眼は、観察調査や顧客の声を聞くことを数多く経験することで磨くことが可能だということや、顧客理解の土台には人の行動や心理の理解があり、その理解を向上するには人に対する興味や好奇心を持つことが重要だということなどです。

本書の第2部では、このような共通項を検討するとともに、マーケティングの基本的な考え方を土台として、実務の世界で効果的なマーケティングを実践するためのポイント、マーケターに求められる資質などを整理しました。

「理論と現実は異なる」という言葉は多くの領域に当てはまるものだと思います。例えば、現実の経済は経済学の理論通りに動くわけではない、ということは広く認識されています。企業経営やマーケティングの世界でも、同様のことが多くみられます。

現実の消費者行動はバラエティに富んでおり、それらのすべてを消費者行動の理論で説明することはできません。顧客志向は、マーケティングにおける最も重要な概念であり、マーケティングを重視する企業にとって当たり前の考え方だと思われます。それにもかかわらず、現実の企業活動の中では社内事情や組織の都合が優先され、顧客志向がおろそかにされてしまう場合が多くあることが、本書の第1部でも語られています。

理論と現実が異なるという現象には2つのタイプがあります。その一つは、複雑な現実を理論で説明できていない、つまり理論が現実に追い付いていないというものであり、もう一つは、さまざまな障壁によって現実が理論に追い付いていないというものです。複雑な消費者行動のすべてを理論で説明できないことは前者に相当し、組織の都合で顧客志向が疎かにされることは後者に当てはまります。

冒頭で、マーケティングは学ぶことは易しいが使いこなすには一生かかる、というコトラーの言葉を紹介しましたが、この言葉は、理論と現実は異なるということも意味していると考えられます。

このことを考慮すると、優れたマーケターは、理論と現実との乖離を埋めることができる存在だと考えることもできます。あるいは、理論と現実の乖離にチャンスを見出すことができるのが、優れたマーケターであると言えるかもしれません。理論では説明できていない、顧客の心理や行動について的確なインサイトを得る。組織全体にマーケティングマインドを醸成し顧客志向を徹底する。これらのことは、上述した理論と現実の乖離を埋めることに相当します。

本書は、企業経営やマーケティングの第一線で活躍している18名の方々の言葉で構成される第1部と、それらを土台とした第2部の考察から成り立っています。マーケティングに関する書籍は数多く発刊されていますが、プロのマーケターを目指す方々のためのヒントが満載されているという点が、他の類書にはない本書の独自性です。

本書が、マーケティングの世界で活躍したいと考えている方々への気づきと、優れたマーケターとして成長するためのきっかけを提供することができれば、編著者一同にとっての大きな喜びになると考えています。

２０１９年12月

早稲田大学商学学術院教授　守口剛

Contents

第2部 プロフェッショナルマーケターの条件

第1部

プロフェッショナルマーケターが語る

第１部「プロフェッショナルマーケターが語る」では実務の世界で活躍している18名の方々に、これまでに実行してきたマーケティングの戦略や施策の特徴、その背景にあるマーケティングの考え方や顧客理解の方法などについて語っていただきます。

企業規模、国、業種など様々な状況で常に結果を出し続けることがマーケターとしての成長につながる

足立　光

株式会社ナイアンティック シニア・ディレクター プロダクト・マーケティング（アジア・パシフィック）
１９６８年米国テキサス州出身。90年一橋大学商学部卒。Ｐ＆Ｇジャパン、シュワルツコフ ヘンケル社長・会長、ワールド執行役員などを経て、２０１５年から日本マクドナルドにて上席執行役員・マーケティング本部長としてＶ字回復をけん引。18年９月から現職。I-ne の社外取締役、ローランド・ベルガーやスマートニュースのアドバイザーも兼任。著書に「圧倒的な成果を生み出す『劇薬』の仕事術」、『３００億円』赤字だったマックを六本木のバーの店長がＶ字回復させた秘密」。訳書に「Ｐ＆Ｇウェイ」「マーケティング・ゲーム」など。オンラインサロン「無双塾」主宰。

結果を出せないマーケターに存在価値はない

これまで、「マーケティング」と名のつく役職だったのは、Ｐ＆Ｇとマクドナルド、そして現在のナイアンティックだけで、実はトータルでも11年ほどです。それ以外は経営側に携わっていて、どうやってビジネスを継続的に伸ばしていくかの一部としてマーケティングを考えてきました。

また、様々な規模、国籍、カルチャーの会社を歴任し、経営コンサルタントとして活動していたこともあります。それぞれの状況でミッションも、やり方も様々でした。

さらに言えば、紙おむつ、コンサルタント、洋服、ヘアカラーやシャンプーとその業務用、外食、そして今はゲームと、常に違う業界への転身を続けてきました。ここまでキャリアのバラエティーが幅広いマーケターも珍しいと思います。

様々な業界における経験の幅と、それぞれの仕事で結果を出してきたという自信があるので、全く新しい業界や状況でも、「多分、これはこうしたらいい」「これをやってはいけない」「この順にやろう」ということについて、ある程度の勘が働きます。まずは仮説を立てて、後はそれを検証しながら実行していくだけです。

ただし、事業や会社をどうするかを考えて実行する時、私は何かのフレームワークや「自分流」にはこだわりません。一見、同じようなプロジェクトに見えても、会社の規模やカルチャー、そのビジネスの状況によって、最適なやり方や順番が違います。それを何らかのフレームワークや「自分流」のやり方に当てはめても、うまくいくわけがないと考えているからです。

転職の時には、常に「3年で結果を出さなければクビになる」という気概で臨んでいます。転職だけでなく、社内での異動でも同じです。P&Gには8年いましたが、2年ごとに担当が変わっています。ヘンケルには10年いましたが、ほぼ3年ごとに新しい事業や地域の責任者として異動しました。この時も、異動先で「3年で必ず結果を出す」という覚悟、いわば「背水の陣」で仕事をしていました。結果を出せないマーケター（ビジネスパーソン）に存在価値はない、という信念で仕事をしてきたので、その覚悟が必要以上のプレッシャーになることはありませんでした。

「ポケモンGO」を中心に、アジア・パシフィック地域での成長を目指す

現在のナイアンティックは、スマートフォンの位置情報を活用したゲームを提供しているアメリカの会社の日本法人です。

2016年にリリースした「ポケモンGO」で一躍有名になりましたし、2019年7月からは「ハリー・ポッター 魔法同盟」を新たにリリースしました。

私はアジア・パシフィック地域のマーケティング責任者として、日本を含むアジア・パシフィック地域でのユーザー数の拡大に努力しています。日本は「ポケモンGO」で米国に次いで世界で2番目に大きい市場ということもあり、ユーザー数をさらに伸ばすために、特に注力しています。

国内で「ポケモンGO」をプレイしたことがある人は人口の約3割程度で、知っているけどプレイしたことのない人が3～4割ぐらい。残りは知らないし、プレイしたこともない人です。このような場合、一般的には現在のプレイヤーのプレイ頻度を上げていくことに注力しがちですが、それではゲームがどんどん複雑化していきますし、新規の方がとっ

つきにくくなっていきます。

私がいまやろうとしているのは、現在のプレイヤーの方々により楽しんでいただくことはもちろんですが、それだけではなく、「ポケモンGO」は知っているけど興味がない、昔プレイしたことがあるけど今はやっていない、という人たちに対しても同時にアプローチして、違うメッセージを出していくことです。今年の夏の「#好きなようにGOしよう」というキャンペーンには、そういう狙いがありました。

3年ごとに結果を出し、経営的な視点を磨く

これからのマーケターに求められる資質として、何より欠かせないのは経営視点です。私は経験上、マーケティングは経営とほぼイコールだと考えています。わたしは営業は広義のマーケティングの一部だと考えているので、CEOの業務から財務、経理、人事、ITなどのバックオフィス部門を除いた全てがCMOの担当になります。ですから、CEOとCMOが責任を持つ売上額は同じです。

マーケティング担当というと一般には、UA（顧客獲得）やデータ活用によるコスト削

減が注目されがちです。それらは必要な要素ではありますが、マーケティングの本質ではありません。顧客の獲得やコスト削減だけでなく、デマンド（需要）を創造し、販売している製品やサービス「自体」を常に見直し、自己変革しながら、継続的にビジネスを伸ばし続けること、そのための仕組みを作ることが、マーケターの役割です。そのための最適解は、ビジネス全体を中期的・長期的に俯瞰して考えることができる、経営的な視点がなければ得ることはできません。

経営的な視点を身につけるベストな方法は、いわゆる事業部長やブランドマネジャーなど、ある事業やブランドの売上から利益までのＰ／Ｌ責任を持つ仕事をすることです。売上だけでなく、どのようなコストがどれくらいどこにかかっているのか、どこに注力すれば利益につながるか、などを理解できます。もしそのようなポジションに就くのが現実的でない場合には、ジョブローテションや転職などを通して、様々な種類の業務とポジションを経験することです。それも経験するだけではなく、３年で必ず実績を出す、というスピード感を持って取り組むことが重要です。

私はよく「３年で結果を出せ」といっています。何でもいいから、自分に与えられたポジションで、３年以内に結果を出すのです。３年のサイクルで新しいことに挑戦し、実績を積んでいくのです。

このスピード感は、海外と比べて圧倒的に日本の若者が弱いところだと思います。私がP&Gに入った当時、グローバルから赴任してきたゼネラルマネジャーたちはみんな30代前半でした。それを見て、私も負けるわけにはいかない、自分も35歳には社長になろうと決心し、ヘンケルでその目標を達成できたのです。今でも海外の会社では、結構大きなグローバル企業でも社長が30代後半ということは珍しくありません。少し考えれば分かりますが、新卒で大きな会社に入社したら、2〜3年ごとに昇進していかないと、30代後半で社長にたどり着くことはできません。世界のビジネスパーソンの多くはそのスピード感で動いています。日本の若者もそのスピード感を意識して、海外のアグレッシブな人たちと切磋琢磨してほしいと思います。

またマーケターとしていろいろ経験を積む上で、マスメディアよりデジタルメディアを先に経験したほうがいいかもしれません。デジタルでは目標を設定し、それをどう実現するか、データをもとに、会社によっては毎週または毎日、PDCAを繰り返します。マスメディアではなかなかそこまでスピーディーに結果を振り返ることができませんし、売上やダウンロードなどに対する効果が明確に見にくいので、「何となく成功したかも」という大ざっぱなレベルの振り返りになりがちです。ビジネスパーソンの基礎としてPDCAサイクルを回すことを身につけるためには、デジタルのほうが学びやすいでしょう。

また、マーケターとして働く業界を選べるものなら、知見の応用範囲の広い業界からキャリアを始めることをお勧めします。消費財はその代表でしょう。逆に、金融やたばこ、酒類、製薬などの業界での知見は、なかなか他の業界で活かしにくいので、転職をしようとした際に選択肢が狭まる可能性があります。

好奇心を持ち、グローバルを意識する

これからの時代、マーケターとしてますます重要になる資質が好奇心です。

デジタル分野などは日々進化しており、「5年前くらい前の流行なら分かる」とか「40代だからソーシャルはよく分からない」では通用しません。貪欲な好奇心を持ち、常に新しいことを取り入れて、自己革新していかなければなりません。

私自身、新しいガジェットはできるだけ買って自分で使ってみるようにしていますし、話題の場所や店に行ってみるとか、話題のアプリは全部使ってみるように努力していま

す。今はゲーム業界にいるので、新しいゲームが出たらとりあえず全部やってみています。経費になりませんが、自費で結構な課金もしています（笑）。

そしてもうひとつが、グローバルを意識することです。日本でしか通用しない人材は、どんどん活躍の場が狭まっていくでしょう。しかもグローバルというのは、欧米や中国のことではありません。東南アジアや、南米や、アフリカのことです。

これから経済的に伸びていくのは、こうした「南側」の地域です。経済が伸びるところには間違いなくビジネスがあり、意欲ある優秀なマーケターが必要とされます。若い人は、10年後には自分がこういった地域で活躍することができるように、今から意識してキャリアを積んだほうがいいと思います。

グローバルを目指し、グローバルで戦う経験を重ね、30代で一定のゴールに到達すべく頑張ってください。

Essence of the voice

1. これまで様々な企業において、数字を出せないマーケターに存在価値はないという覚悟で仕事をしてきた。

2. これからのマーケターに求められる資質として、何より欠かせないのは経営視点である。

3. 経営視点を身につけるには、P/L責任を持つか、スピード感を持って様々な業務とポジションを経験してみるしかない。

4. デジタル分野などは日々進化しており、貪欲な好奇心を持ち、常に新しいことを取り入れて自己革新していかなければならない。

5. グローバルを目指し、グローバルで戦う経験を重ね、30代で一定のゴールに到達すべく頑張ってほしい。

グローバル企業で培った全社マーケティング強化の取り組みと徹底したローカル顧客視点

石橋昌文

ネスレ日本株式会社専務執行役員チーフ・マーケティング・オフィサー マーケティング&コミュニケーションズ本部長

1963年兵庫県出身。85年神戸大学経済学部卒。ネスレ日本に入社し営業本部、ネスレUK、ネスレマッキントッシュ（現コンフェクショナリー事業本部）、ネスレスイス本社での勤務を経て、2005年同マーケティング統括部長。キットカットの受験生応援キャンペーンに携わり、成功に導く。09年ネスレ日本常務執行役員コミュニケーションズ&マーケティングエクセレンス本部長、12年チーフ・マーケティング・オフィサー（CMO）に就任。17年から同社、専務執行役員。現在CMOとして、組織横断的なマーケティング力の強化に取り組む。日本マーケティング協会常任理事。日本マーケティング学会常任理事。

全社員が磨くマーケティング発想

当社はソリュブルコーヒーやチョコレートなど消費者向けビジネスを手掛けており、常に消費者起点でのコミュニケーションを重視しています。また、ネスカフェを中心とした飲料事業部、キットカットを中心としたコンフェクショナリー事業部など、それぞれの事業部がひとつの経営組織としてＰ／Ｌ（損益）を管理し、ビジネスをドライブしています。

そのため、事業部がマーケティング部門として機能し、売上と利益に責任を持ち、予算達成に必要な投資を行っています。ある事業部がキャンペーンで10億円使うとなれば、その予算をマーケティング&コミュニケーションズ本部の媒体統括部に伝えてメディアプランを組みますが、コンテンツをつくるのはあくまで事業部です。

各事業部ならびにマーケティング&コミュニケーションズ本部には専門職としてのマーケターもいますが、社員全員がマーケティングマインドを持っていなければならないというのが当社の考えです。その一環として、２０１１年から『イノベーションアワード』という取り組みを行っています。これはネスレ日本の全社員が自分の顧客を定義し、その課題を探し、解決策を実施する仕組みです。初年度は79件の応募でしたが、最近は5000件近くになっています。社員数が約2500人なので、平均して1人2件応募していることになります。

「ネスカフェアンバサダー」もこの『イノベーションアワード』から生まれました。従来、オフィスでコーヒーを飲むというと、社内の自販機で缶コーヒーを買うか近くのコンビニにまで行くのが普通でした。しかし、「ネスカフェアンバサダー」があれば、1分ほどでいれたてのおいしいコーヒーが飲め、しかも1杯20~30円ですみます。ユーザーもまだ気づいていなかった課題を見つけたからこそ、「ネスカフェアンバサダー」というビジネスができたのです。

ユーザーの本当の課題はどこにあるのか、それが何なのかが分かれば、解決策を見つけるのは難しくはありません。これはマーケティング部門だけがやるべき仕事ではなく、全社でやっていかなければならない。それによってイノベーションを起こすのです。

広告の時代からオウンドメディアの時代へ

20年ぐらい前、現社長の高岡と一緒にキットカットを担当していた頃すでに、広告の時代は終わったと考えていました。テレビ広告を打っても売上が上がるわけでもない。特にネスカフェとキットカットは認知度が高く、リピート消費を狙うためには一度、広告から離れてパブリシティーや口コミでやってみようということになりました。

こうして始めたのがキットカットの「受験キャンペーン」です。当時はインターネットがまだなく、ニュースをつくってＰＲ会社と一緒にパブリシティーで広げていきました。その過程で、多くの企業や団体と提携したり、ある程度規模が大きくなった時点でテレビ広告もつくりました。広告かＰＲか、デジタルかトラディショナルかということではなく、どのステージでどのメディアや手法が有効なのかを考えながら、ミックスしてコミュニケーションを展開するという経験を積んできたわけです。

そうした中で、メディアについていえば、インターネットの普及が大きな変化をもたらしました。今や様々なデジタル・メディアが登場し、自社からどんどん情報発信できます。

この流れをとらえ、2010年に立ち上げたのが『ネスレアミューズ』というオウンドメディアです。消費者向けコミュニケーションのハブという位置づけで、ばらばらだった各ブランドサイトやキャンペーンサイト、エンターテインメントコンテンツはもちろん、同じ年にスタートさせたネスレ通販オンラインショップもまとめて一つにしました。

いまやメンバー（登録会員数）は600万人近くになり、直接、メンバーとコミュニケーションができる重要なメディアとなっています。また、Eコマースについても、売上に占める割合は全体の16～17％に達し、大きな可能性を感じています。

イギリスとスイスで学んだ多様性と相互理解の大切さ

海外経験は、イギリスが2年とスイスが2年の4年だけです。イギリスに行ったのが1990年、27歳のときでした。本社が1988年にイギリスのロントリー・マッキントッシュというキットカットの会社を買収し、そこで営業をやってこいと言われました。

3ヵ月間は研修で、その後すぐ、休暇を取るセールスの代役としてイギリス各地を車で走り回りました。毎週、本社から手紙が来て、次の日曜日、どこどこのホテルに行き、何某というセールスのテリトリーをカバーしろと指示を受けるのです。ホテルに行くと部屋には箱が２つほどあり、そこに平均50〜１００店分のストアカードが入っています。親切なセールスは毎日、どの順番で回るといいか整理してくれているのですが、適当なセールスだと段ボールにどさっと入れているだけ。その場合は地図を見ながら、この店とこの店は同じ町だから近いだろうという感じで、訪問プランからつくっていました。

店を訪問するとまず在庫をチェック。前回からの販売数を把握し、次回６週間後までこれぐらい補充したらどうかと商品ごとに提案し、小切手で集金もします。これを１年以上やったので、車の運転と英語はうまくなりました。

特に良い経験になったのは、物の考え方が全然違うということです。日本では言わなくても分かることが、イギリスでは通じません。日本にずっといたら、日本のことを知っているつもりで、実は知らないままだったでしょう。お互いの違い、つまり多様性を理解することが、実は多くの気づきを生むのです。

また、自分の考えを言わないと何を考えているのか分からない、主張がない、興味がないと受け取られてしまいます。同じようなことは、30代の後半でスイス本社に行き、コンフェクショナリー事業に携わったときにも感じました。下手な英語でいいので、考えはきちんと口に出して言わなければ相互理解につながらないというのは、海外で一番学んだことであり、いまのマーケティングの仕事でも生きています。

グローバルだからこそ
ローカルのコミュニケーションを重視

ネスレグループは世界をAMS（南北アメリカ）、EMENA（ヨーロッパ、中近東、北アフリカ）、そして日本が属するAOA（アジア、オセアニア、サハラ以南アフリカ）という3地域に分けてビジネスを展開しています。

こうした地域や国によってブランドの浸透度や成長性は様々であり、同じコミュニケーションをやってもうまくいくわけがありません。そのため、実はグローバルでのコミュニケーションはほとんどやっていません。

もちろん、ブランドは全てグローバルです。それぞれのブランドのあるべき姿＝エッセンスはスイスの本社でブランドごとに規定しており、新製品の発売に関してはフレーバーもパッケージも全てスイス本社の了解を事前にとります。

その上で、我々は日本の市場で、ブランドのエッセンスからはみ出ない範囲で比較的自由に製品づくり、コミュニケーションづくりをやっています。消費者はあくまでローカルな存在であり、消費者コミュニケーションはローカルに委ねられているのです。

キットカットの「受験キャンペーン」も、ネスレ日本ならではの取り組みです。本社に説明しても理解してもらえないので、我々が責任を持って実行しています。

唯一、グローバルでやっているのが、ジョージ・クルーニーを起用したネスプレッソです。ネスプレッソのビジネスは１９８６年からと比較的歴史が浅く、ターゲット層も似通っており、均質なコミュニケーションが成立したのかなと思います。

しかし、これは例外で、15年ほど前、キットカットのグローバル・キャンペーンをやるという話が本社から来たことがあります。コンフェクショナリー事業のトップがテレビ会議で一生懸命、説明してくれたのですが、我々としては「これはないだろう」という感覚でした。同席していた代理店の関係者もあきれ顔で、結局、向こうから「コメントは要らない。興味がないのが分かったからいい。ありがとう」と中止になりました。

グローバル企業であるからこそ当社では、それぞれローカルの消費者とのコミュニケーションを大事にしているのです。

そういう意味で、ネスレ日本におけるＣＭＯというポジションは日本人でなければできないでしょう。私にとって一番の課題は、次の世代の後継者を探して育てることです。ただし、候補者はコミュニケーションズ本部の中だけでなく、各事業部にいる人たちでも構いません。私自身、前は子会社だったネスレコンフェクショナリー(現コンフェクショナリー事業部)でマーケティングマネジャーをやっていたので、ある意味、別部署から来た人間です。ですから、次のCMOが事業部から出てきても不思議ではありません。

また、マーケティング部門は以前、ほとんどがプロパーの社員でしたが、最近はミッドキャリアも中途採用にするようになってきました。特にビジネスのデジタル化が進む中でEコマースなどは専門的な知識・経験を持った人材が必要です。社内で育てるには時間がかかりますから、社外からスキルや能力の高い人を引っ張ってきたほうが早いのです。

もちろん、企業文化との親和性が高くないとイノベーションを一緒に生み出していくような仲間にはなりにくいのですが、これからの時代はダイバーシティ(多様性)がますます重要になっていきます。外から来た人材の新しい観点を生かしながらインテグレートしていく。それをやらないと企業として、組織として強くなれません。

マーケティングも同じであり、消費者起点のコミュニケーションを徹底しつつ、ダイバーシティを意識することが求められていると感じています。

Essence of the voice

1. マーケティング部門だけでなく、全社でユーザーの課題発見に取り組み、イノベーションを起こさなければならない。

2. インターネットの普及にともない、オウンドメディアを使った情報発信に大きな可能性を感じている。

3. 海外勤務で分かったのは、多様性を理解することが多くの気づきを生むということ。

4. グローバル企業であるからこそ、それぞれローカルの消費者とのコミュニケーションを大事にしている。

5. 消費者起点のコミュニケーションを徹底しつつ、ダイバーシティ（多様性）を意識することも大事である。

消費者の本音や企業理念との関係など興味をどこまで広げられるかでマーケターとしての成果が変わる

伊藤秀二

カルビー株式会社代表取締役社長兼ＣＥＯ
１９５７年福島県出身。79年法政大学経営学部卒、カルビー入社。関東事業部長などを経て、２００１年執行役員、04年取締役に就任。じゃがりこカンパニーＣＯＯ等を経て、09年代表取締役社長兼ＣＯＯ。18年から現職。日本スナック・シリアルフーズ協会会長も兼任。

消費者担当部門で掴んだマーケティングの本質

私が入社した当時、文系出身者は工場で、理系出身者は営業部門にまず配属され、1年間、研修することになっていました。

私は名古屋工場に配属され、普通は補助的な業務をするのですが、たまたま工場の事情で「チーズビット」という商品の最終仕上げ工程のオペレーターをいきなりやることになりました。

その時、先輩から言われたのが、「ただ研修として作業するだけではなく、製品ができる原理から覚えなくちゃやだめだ」ということでした。そこで原料のこと、加工のことを自分なりに調べ、理屈がわかると結構、面白くなるのです。

どんな仕事でもただ作業としてこなすのではなく、裏にある原理原則から考えてやると興味が湧いてくるし、アウトプットのレベルも上がる。このときの経験が、その後のキャリアに大きく影響しました。

大学ではマーケティングや経営について学び、いずれはそういう仕事をしたいと思っていましたが、最初からできるわけではありません。その時その時の担当業務をきちんとこなし、興味を持って掘り下げながら一番上手にできるようになる。ほぼ2年ごとに部署を異動しながら、そういうことをずっとやってきました。

正式にマーケティングに関わったのは、常務としてCMOを務めた2年間だけです。ただ、自分の中でマーケティングの本質を掴んだように感じたのは、CMOに就任する前、消費者担当部門（品質保証本部）の執行役員をしていたときのことです。

それまでに私は社内のほとんどの部署を経験し、最後に広報部門、お客様相談室、品質保証室という3部門をまとめてコントロールする品質保証本部の担当役員になったのです。

この3部門は以前からあったのですが、当時は大手企業の食中毒事件で食品の安全性に対する関心が社会的に高まっており、当社も消費者対応を強化する仕組みを構築しなければならないということで、新たに3部門を統括するセクションを設けたのです。ここを4年ほど担当し、非常に多くのことを学びました。

ひとつは、お客様が本当は何を考えているのか、何を気にしているのかは、顧客調査などではなかなかたどり着けないということです。当社には年間数千件レベルで商品についてのご指摘（クレーム）や問い合わせがあるのですが、そうした場面でなければ聞けない本音があり、その本音がコミュニケーションによって変化していくことをリアルに経験しました。

例えば、商品に毛髪が入っているというご指摘があったとして、お客様がなぜ連絡してくるのかといえば、生理的に嫌だということもあるでしょうが、根底には不衛生な工場で製造しているのではないかという疑念があるのです。

そこで、お客様からのご指摘については全件、お客様相談室の担当者が伺い、工場の写真をお見せしながら、異物が入らないようにこんな設備を導入し、こういうチェックをしているということを説明するようにしました。

同時に、工場での対策や品質保証室の管理、広報の情報発信などをお客様に納得していただけるレベルにまで整えるようにしました。

そういう積み重ねがあれば何か起きてもきちんと説明できますし、お客様からは「そこまでやっているんですか」とネガティブな印象がむしろプラスになることもあります。

もちろん、最初からすぐうまくいったわけではありません。品質保証本部ができた頃、「お客様再購入率」という指標を導入しました。商品についてお客様からご指摘があった場合、おわびとともに我々の取り組みと今後の対応についてご説明したあと、最後にもう一度、「当社の商品を再購入していただけますか」とアンケートで聞くのです。

始めたときは70％台ぐらいで、納得していただけないケースも少なくありませんでした。そこから、担当者の説明の仕方は適切か、品質のチェック体制に抜けはないか、工場で見直すべきところはないのか、といったことをひとつひとつ潰していったところ、いまでは95％ぐらいになっています。

お客様と向き合うということの本当の意味と重みを感じることができた4年間でした。

企業姿勢をブランディングに反映させる取り組み

当社のメイン商品は、じゃがいもを原料にしたスナック菓子です。残念ながら、ポテトチップスというと、じゃがいもをスライスして油で揚げれば誰でも簡単にできるんだろう、みたいなイメージがまだあるようです。

しかし、当社は創業以来、良い原料を使い、安定した品質の商品をお客様に届けることにこだわってきました。いまでは九州から北海道まで全国各地に10ヵ所以上工場があり、それぞれの地域にある約１８００戸の契約農家から年間を通して順に獲れたての原料を仕入れ、新鮮なポテトチップスを製造しています。

特に、創業者の三男で三代目社長を務めた松尾雅彦が「農工一体」を唱え、我々のビジネスはただ製品をつくるのではなく、農業と工業が一体になってお客様に良い商品を届けるんだという考えを徹底させました。これは全国の農家と良い関係を築いていくということにほかなりません。社員もこうした企業姿勢に、強い誇りを持っています。

ところが、以前は自社のブランディングとして楽しい雰囲気を重視していたため、こうした事業の根底にある企業姿勢があまり認知されていませんでした。そこで私がＣＭＯだった２００５年、「掘りだそう、自然の力。」という企業理念を掲げることにしました。

これによって、知名度や明るさ、楽しさに加え、原材料や農業に対する我々の一貫した企業姿勢を打ち出すことができたのではないかと思っています。

プロフェッショナルマーケターとは？

当社では、現在のマーケティング本部の前身は商品部というところでした。商品部と開発部で新商品を生み出していたのです。

商品部という名の通り、マーケティングも重視していましたが、どちらかというと良い原料から良い商品をつくることにこだわっていました。マーケターたちも、原料や製造から理解していないといけないという感じでやっていました。

今は企業規模も大きくなり、商品のラインアップも増えたので、マーケティング担当者にそこまで求めませんが、私からすると少々、商品の背景にある知識が不足している気がします。

例えば、1月のじゃがいもはどういう状況なのか聞いても答えられない。それで新商品をつくれるのかという気がするのです。

別に原材料や生産のことを知らなければマーケティングができないという意味ではなく、マーケターとしての興味がどれくらい強いのかということを言いたいのです。自分で関心を持ち、どこまで入り込むかによって、マーケターとしての成果も変わってくるのではないでしょうか。

マザー・テレサの言葉に「愛の反対語は憎しみではなく無関心である」というものがあります。関心を持つとは愛なのです。

マーケティングもどれだけ愛があるか、ではないでしょうか。専門的なスキルはもちろろん大事ですが、何か見たとき「なぜこういうことが起きるのだろう」と関心を持つ。その範囲が広ければ広いほど、良い発想につながると思います。

マーケティングとは企業活動そのもの

私は、経営＝マーケティングであり、企業活動自体がマーケティングだと考えています。経営においては利益だけでなく、消費者、社員、社会、株主など様々なステークホルダーに対する関心を強く持ち、それぞれのステークホルダーにとって最善の状況を生み出していくことが求められます。これはマーケティングにほかなりません。

そう考えると、マーケティングの現場はやや表面的になっているようにも感じます。当社ではグループビジョンを、「顧客・取引先から、次に従業員とその家族から、そしてコミュニティから、最後に株主から尊敬され、賞賛され、そして愛される会社になる」と定めています。

社会貢献のために事業をやっているわけではありませんが、このグループビジョンに示した、人の役に立つということはどういうことなのか、社会的な課題の解決に我々はどう関わっていくのか、ということもマーケターの関心事であるべきです。

最近よく言われる「ESG（環境・社会・ガバナンス）」や「SDGs（持続可能な開発目標）」もそうです。ただ言葉として知っているだけでなく、自分たちの事業、自分たちの扱う商品がそれらとどう関係するのか興味を持ち、考えてみる。

私の経験上、マーケターとして成功するかどうかの見極めは難しいですが、完成形までたどり着ける人とたどり着けない人の違いは、比較的はっきりしています。両者を分けるのは構想力であり、それは全体の構図が見えているかどうかにかかっています。全体の構図が見えていないとあれこれ悩んで意思決定ができず、優先順位もはっきりしないため途中で挫折しがちです。

消費者の声を聞くことも、企業理念を自分なりに解釈することも、そしてESGやSDGsといった社会的な課題との関係を考えることも、興味や関心、すなわち愛がなければ無理でしょう。

もちろん、マーケティングの課題を解決するには、フレームワークやデータ分析、クリエイティブスキルなども欠かせません。そうしたテクニカルな要素とのバランスをぜひ、マーケターは意識してほしいと思います。

Essence of the voice

1. どんな仕事でもただ作業としてこなすのではなく、裏にある原理原則から考えてやると興味が湧いてくる。

2. 消費者が何を考えているのか、本音はどこにあるのかは、顧客調査ではなく本気の指摘や問い合わせでこそ分かる。

3. 自分で関心を持ち、どこまで入り込むかによって、マーケターとしての成果が変わってくる。

4. 経営＝マーケティングであり、企業活動自体がマーケティングである。

5. 「ＥＳＧ（環境・社会・ガバナンス）」や「ＳＤＧｓ（持続可能な開発目標）」も、ただ言葉として知っているだけでなく、自分たちの事業、自分たちの扱う商品がどう関係するのか興味を持ち、考えてみる。

日用品外資メーカーから国内外食産業へ業種やビジネスモデルが違おうともマーケティングの基本は変わらない

伊東正明

OFFICE MASA代表、株式会社吉野家常務取締役
1996年P&G入社。ブランドマネージャーとしてジョイ・アリエールのブランドを再建。ファブリーズグローバルチームのマーケティング責任者として米国本社・ヨーロッパ本社にてブランドのグローバルオペレーションへの移行、世界新製品、新規市場開拓戦略をリード。その後シンガポールにてペットケア事業責任者、アジアパシフィック・Eビジネス事業責任者、ホームケア・オーラルケアヴァイスプレジデントを歴任。2017年11月退職・独立。現在、吉野家常務取締役および複数社の顧問を兼務。

日本人の外食回数はまだまだ伸びる

私は１９９６年にＰ＆Ｇに入社し、２００８年まで12年間は国内で、その後は２年間を除いて海外で通算21年間、勤務しました。海外では消臭剤のグローバルチームの責任者を務め、アジアでペットフードを扱い、台所洗剤やオーラルケアを担当したこともあります。

Ｐ＆Ｇを退職しようと決めたのは、ちょうど45歳の誕生日のことでした。このまま残っていてもやりたい仕事がないということに気が付き、もう一度新しい挑戦をするため、その場で上司に辞表のメールを送りました。

新しい挑戦については、従来と違うビジネスに関わりたいと思ったのと、もうひとつ日本を何とかしたいという気持ちで探しました。海外で長く暮らしていると、不思議に愛国心がわくのです。海外では日本人であることを常に意識させられますし、外から日本を見ているうち何か役に立ちたいという気持ちが強くなってきたのです。そのことをヘッドハンターにも伝え、いろいろ魅力的なオファーをいただいた中で選んだのが吉野家でした。

国内の外食産業に移るというと周りからは、「これから少子高齢化がますます進むのになぜ？」と聞かれました。衰退産業だと捉えられているからでしょう。

でも、私はまったくそう思っていません。日本の外食は25兆円規模で、国内産業としてトップ10に入る規模ですが、日本人1人当たりの外食回数はいろいろなデータがありますが年間約100回といわれています。1日3回食事するとすれば年間で1095回になります。理屈の上で外食はまだ1人当たり年間1000回、伸ばせる余地があるわけです。

そう考えれば、衰退産業であるとか、縮むパイを同業他社と奪い合うといった発想は的外れです。年間100回の外食回数を110回、120回に増やしていけば誰も困りません。今後の日本人の生活様式の変化を考えても、外食の回数は減るよりも増える可能性のほうがはるかに高い。人口が毎年0・3から0・4％減り続けるとしても、市場規模を同じ程度伸ばしていくことは簡単ではないでしょうか。

私はそもそも、市場創造につながらないマーケティングに意味はないと思っています。そこで吉野家に入ってすぐ、ガストとの間で相互送客を目指す「3社合同定期券」と名付けた共通割引券を期間限定で販売するキャンペーンを発案しました。普通に考えれば、外食の競合同士が共通割引券をつくるなんてありえないでしょうが、日本人の外食回数を増やすためであれば当たり前のことではないでしょうか。市場を奪い合うのではなく、お互いが力を合わせて市場を新たにつくりだし、伸ばそうという考え方です。

マーケターは訓練によって鍛えるしかない専門職

マーケティングの役割を一言でいえば、消費者の「欲しい」という気持ちをつくることに尽きます。消費者の常識を理解し、それを〝ずらす〟コミュニケーション・プランをつくり、狙った通りの数値効果を生み出す。このプロセスがマーケティングです。「こういう行動をとる人は、こういう考えをしていて、その人にこういうインサイトをぶつけると、こう変換する確率が高い」というストーリーを描けなければ、マーケターとは言えません。

私の場合、P&Gに入社して3年間、洗濯洗剤を担当する中で顧客調査を徹底的にやりました。当時、お宅訪問を3年間で１２０件、グループインタビューなども含めると９００名ほどの主婦の方たちにお会いしました。おかげで、玄関ドアを開けた瞬間、相手がどんな洗濯洗剤を使っているのかが分かるようになりました。目の前に立っているのがきちんとお化粧し、髪はきれいにカールし、白い下ろし立てのレースのエプロンを着けている主婦の方であれば、ほぼ間違いなく柔軟剤入りの洗濯洗剤を使っています。こういうタイプの方は、家事にかける時間が短く、家事に効率を求める傾向があるからです。

同じように、いろいろな施策を打ちながら毎日市場データを見ていれば「こういうことをやれば、これぐらい上がる」というのが当てられるようになります。後輩にもよく、担当する商品のシェアを当てられるくらいにならないとだめだとアドバイスしていました。

こういうことは特殊な才能でもなんでもなく、訓練の結果にすぎません。マーケターとは、訓練によって鍛えるしかない専門職なのです。社内でも同じです。私は営業部門や経理部門の社員に対して、その行動や考え方を自分なりに理解し、こういう言い方をしたら「うん」と言ってくれるのではないかという訓練をいつも繰り返していました。要は、人の心を動かす仮説の立案と検証の繰り返しであり、その訓練はどこでもできるのです。

吉野家の「超特盛」と「小盛」に込めた狙い

現在、吉野家では企画本部の責任者を務めており、マーケティングだけでなく、コスト管理や利益管理についても関わっています。

2019年3月から発売した「超特盛」や「小盛」は私が手掛けたものですし、今期は

10くらい新商品を出します。「超特盛」については、3つの意図を込めて発売しました。

第一に、牛丼を真ん中に据えて商品戦略を立て直すことです。この2〜3年吉野家では豚や鶏、魚などメニューの食材を広げてきました。外部から来た私から見ると、吉野家に行くのは牛を食べるためです。ところがここ1年以上、牛に関わるニュースは1回か2回しか出ていません。牛丼だけで言うと、2年以上何もやっていませんでした。

そこで、私は「コア・アンド・モア」という言い方をしたのですが、基幹商品である牛丼で何かやろうということがありました。

第二に、共通割引券を一緒にやったガストから話を聞いたり、競合他社のマーケティングを観察したりする中で、メガ盛りのようなメニューが話題を呼んでいることが分かりました。もちろん、食べ物を粗末にするようなことをやるつもりはなく、ある意味、「肉が大好き」という人に満足してもらえるメニューをつくりたいと思ったのです。

第三に、牛丼を食べたい人の幅を広げようと考えました。そこで、高齢者や女性向けの「小盛」を同時に出したのです。世間では「超特盛」が話題になっていますが、販売数でみると今は「超特盛」の8割ぐらい「小盛」が売れていて、しかも「小盛」はほとんど落ちません。

こうした結果が出ているということは、私自身、消費者の声を直接、聞いているわけではありませんが、これまで長年の訓練でマーケティングの基礎体力が付いているのだと思います。あるいは、日用品を使う主婦のことは分かっても、牛丼を食べたいサラリーマンの気持ちは分からないのではないかと言われることがありますが、私は人間の気持ちは一定程度、分かるつもりですし、それが当たっているのだと思います。

さらにいえば、グローバルなマーケティングと国内でのマーケティングで何か差があるのかよく聞かれるのですが、私の実感としては8割から9割は一緒で、違うのはせいぜい1～2割のことにすぎません。日本の消費者は特殊という捉え方ではなく、競合条件によって、競争環境が変わるということにすぎません。

マーケターに求められる「好奇心」「負けず嫌い」「あまのじゃく」

マーケターに求められる資質として、私がいつも挙げるのが「好奇心」「負けず嫌い」「あまのじゃく」の3つです。

まず「好奇心」がないと、消費者の心理や考え方に対する興味がそもそも湧きません。

他人に対して興味がない人は、研究職であれば問題ないかもしれませんが、マーケターには全く向かないと思います。

マーケターは先ほど申しあげたように、「こう言えば相手はこう動くだろう」という仮説、検証、反省をどれだけ積み重ねられるかが勝負であり、ぼおっとやっているのでは意味がありません。想定以上の結果が出た時も、ただ喜んでいるようではだめです。想定以下であれ想定以上であれ、思ったとおりでないことが問題であり、その原因を探り、フィードバックできるかどうかで大きな差がつきます。

次に「負けず嫌い」というのは、苦境に立たされた時、そこを乗り越えていく原動力になるからです。私もこれまで、何度も苦境に立たされたことがありますが、そういうときほど「絶対、やってやる」という気持ちが湧いてきました。それはおそらく、会社としての成功や利益のためなら徹底してやる覚悟があるからだと思います。先ほど、マーケターは専門職だといいましたが、本物のマーケターであれば利益がどれくらい出ているかをチェックし、もし想定通りになっていないならそれを変えるところまで責任を負うべきです。私の考えでは、マーケティングとは経営そのものです。

最後に「あまのじゃく」というのは、これまでにないアイデアや人とは違ったプランを生み出すために不可欠です。そして、「あまのじゃく」という資質は、「好奇心」や「負けず嫌い」と比べて意外に会社の風土や上司の助言によって磨かれる後天的なもののように感じます。

例えばP&G時代、私が仕事中、ある先輩が後ろからペンで突いてきたことがありました。「止めてくださいよ」というと、「お前、俺の評価が低いから会社を辞めろって言うのか」なんて言い出すのです。「言っていませんよ。そういうことを言うのを止めてください」というと、「また辞めろって言った。本当に辞めちゃうぞ、このやろう」と返され、周りも「先輩に向かって会社を辞めろって、偉くなったたな」なんてワイワイ騒ぐ。これは「やめる」という言葉の意味をずらして掛け合いをしているわけで、大喜利の練習みたいなものです。

最近、AI（人工知能）の進化によって人間の仕事が奪われるのではないかといった議論がされていますが、マーケティングにおいてはむしろ、もっと早くAIが実用化されることを期待しています。基礎的な業務や作業はAIに任せ、大喜利のように消費者の考えを〝ずらす〟ことにマーケターは集中すべきだからです。逆に言えば、AIにもできるようなことしかできないマーケターは、早く商売替えをしたほうがいいかもしれません。

Essence of the voice

1. 日本の外食が衰退産業であるとか、縮むパイを同業他社と奪い合うといった発想は的外れ。日本人の外食回数が増えれば成長産業になる。

2. マーケティングの役割は、消費者の「欲しい」という気持ちをつくることである。

3. 日本の消費者は特殊という捉え方ではなく、競合条件によって競争環境が変わると考えるべきである。

4. 消費者の心理や考え方に対する「好奇心」、苦境を乗り越えて行く「負けず嫌い」、人と違ったアイデアを生み出す「あまのじゃく」がマーケターには必要である。

5. AIにもできるようなことしかできないマーケターは、早く商売替えをしたほうがいい。

これからの時代にこそ問われるBtoBマーケティングの必要性と可能性

榎本　亮

日本電気株式会社執行役員ＣＭＯ
１９６３年秋田県出身。88年岩手大学人文社会科学部法学科卒。95年から２００２年までArthur Andersen（後のBearing point）においてマーケティング戦略・営業改革等を推進するコンサルティング部門のパートナーに従事。Bearing point合流後はCommunications領域のマネージングディレクターとして08年まで従事。09年から14年までＩＢＭでパートナー／理事。同年セールスフォース・ドットコムの執行役員に就任。15年からＮＥＣの執行役員となり、コーポレートマーケティング本部を担当。17年４月にＮＥＣの全社マーケティング活動を統括するＣＭＯに就任。

BtoBにおけるマーケティングとは？

私は大学卒業後、20年近く外資系コンサルティング企業数社で、主に国内企業のブランディング、営業、カスタマーケアなど広い意味でのマーケティングの変革支援に携わってきました。その経験から言えば、コンシューマー向けであれ法人向けであれ、ビジネスには相手がいるという意味でマーケティングの本質的な必要性は変わりません。

ただ、以前の日本企業、例えば大手電気メーカーには圧倒的な技術力、製品力があり、経営環境の追い風もあってさほどマーケティングを意識する必要がなかったといえるでしょう。企業経営にはイノベーションとマーケティングが必要と言われますが、圧倒的なイノベーションの前にマーケティングが相対的にかすんでいたと言えるかと思います。しかしながらあらゆる技術／商品はコモディティー化に向かいます。競争優位性を性能にのみ頼り過ぎていると市場におけるポジションを失ってしまいます。イノベーションとマーケティングの両輪をバランスよく回転させていくことはどのような事業形態であれ、いつの時代にも重要なことです。

私は2015年にNECに入社し2017年からCMOを務めています。そのNECは2014年にBtoCの事業からBtoB（G）の社会ソリューション事業に経営資源を集中すると宣言し、急激に業容を変革している最中でした。今現在もその変革活動は続いています。業容を変革するのですから、そのためのマーケティングもまた変革しなくてはなりません。3点ほど特に意識して強化したポイントをご紹介させてください。

一つ目は、社内の意識改革です。これを我々は「インナーブランディング」と呼んでいます。いま申し上げた通り、NECはBtoCからBtoB（G）に大きく舵を切りました。例えばPC事業では国内シェア50％を超えたことがあるなど大変大きな成功体験を有しています。こういったものを諦めて新しい領域にチャレンジすることには当然、不安の声も出ます。過去の成功を否定することなく次の挑戦に向けたモチベーションを高める必要がありました。NECブランドに従業員が誇りを持っていなければ、顧客からも選ばれません。そこで社員を登場させた社内向けのテレビCMのような動画を作り配信しました。社員の心に直接語り掛けることを意識したものです。その動画は現在、外部公開できない部分をカットしてユーチューブに公開してあります。

二つ目は、顧客関係性の強化です。法人顧客との間でもサービス型、リカーリング型と呼ばれる継続的な取引が増えており、顧客との関係性をどうマネジメントするかが重要になっています。いわゆるＣＲＭ（Customer Relationship Management）です。本社のマーケティング部門としては、顧客満足度を客観的に定点観測し、それを営業にフィードバックしてお客様の期待を上回る活動になるよう一緒にアクションプランを検討しています。またＣＳ（Customer Satisfaction）のみならず、ＮＰＳ（Net Promoter Score）を指標に組み入れ、未来志向の関係を構築強化できるようにしています。

三つ目は、社会的に信頼度の高いメディアや専門家とのコミュニケーションです。社会ソリューション事業のプロジェクトは基本的に規模が大きく、顧客からの要望もSIerからの提案も複雑で、その妥当性を判断することが非常に難しくなります。そこで顧客が参考にするのは、その分野で名の通った専門家のコメントや権威あるリサーチ企業のリポートです。特に提案依頼書が発出される場合などでは、「この件ならＮＥＣの提案を聞いてみたい」と思ってもらえるかどうか。発注担当者の頭に当社の名前が浮かばないとそもそも提案依頼書を頂戴することもかないません。

そのために、例えばガートナーやＩＤＣ、フォレスターリサーチといった世界的なＩＴ系リサーチ企業のアナリスト、あるいは人工知能など当社がターゲットとする分野の学会有力メンバーである研究者などに、NECが目指す世界観、NECがいま力を入れている研究開発、最新のユースケースなどについての情報提供や意見交換を行うことで専門家の評価を得られるように働きかけています。

社会ソリューション企業としてのブランディング

当社のビジネスは現在、パブリック事業、ネットワークサービス事業、エンタープライズ事業、システムプラットフォーム事業、グローバル事業の5つに分類され、よく海底から宇宙までと言ったりしていますが、海底ケーブルの敷設や、小惑星探査機「はやぶさ2」のシステム設計と組み立てから運用など、世界中の幅広い分野に展開しています。

これらを包括し、社会のために役に立っている社会ソリューション企業、社会価値創造企業と言っているのですが、全部をひとくくりにしてしまうとメッセージが焦点ボケになってしまうところがあり、ブランディングとしては悩ましいところです。

コーポレートレベルのブランディングとしては、社会のすべての人々と産業に関係の深いであろう東京オリンピック・パラリンピックという一大イベントのスポンサーになることを通し、「Orchestrating a brighter world」という新しいブランドステートメントの露出を増やし、ＮＥＣが社会価値と考えている安全、安心、効率、公平の4点をいかに社会の皆様と共創していくのかというメッセージを届けるようにしています。

それと同時に力を入れているのが、マスターブランド戦略です。私が移籍したとき、社内にはソフトウエアやサーバーの製品名として４００から５００のブランドがありましたが、ネーミングルールすら統一されていない商品ブランドの乱立は、ＮＥＣというコーポレートブランドの輪郭をぼやっとしたものにしてしまいます。

現在、個別商品ブランドは事業としての優先順位に従い30くらいにまで減らし、全体としてＮＥＣブランドを際立たせる戦略を採っています。事業のブランドは絞りつつ、イノベーションのＮＥＣを象徴するような差別化要素と呼ばれるものは新たにブランドを立てています。

60年の歴史の中で磨かれてきた様々なＡＩ技術は、個品ごとに商品名称がありましたが、NEC the WISEという統合ブランドの下に複数種類のＡＩエンジンをぶら下げ最適なエンジンをソリューションに適用することにしています。世界一であると評価されてから一度も1位の座を譲っていない顔認証に代表される生体認証は、BIO-IDomとしてブランド化しました。これは自分自身（生体認証）をデジタル世界の鍵にするというコンセプトが評価されてＧｏｏｄ Ｄｅｓｉｇｎ賞Ｂｅｓｔ１００に選出されました。

同じく当社の強みである通信事業分野においても、Smart Connectivityとしてブランド化し、国内通信事業者向けのネットワークインフラ提供で培った技術力を様々な業界のお客様に提供するネットワークサービスのケーパビリティを表現しています。

市場の力によってＮＥＣを変革するために

一般にＣＭＯとは、マーケティングにおける豊富な経験があり、とがったマーケティングを手掛け、マーケターの最上位というイメージがあるかもしれません。

しかし、私の役割は違います。ＩＴ業界のみならず産業界は今、デジタルトランスフォーメーションという歴史的な変革期にあります。その中でＣＭＯは5年先、10年先の市場環境や顧客ニーズを予測し、今からどのような手を打っておくべきか、ＣＥＯとコミュニケーションすることが大切だと思っています。

事業運営という観点においてＣＥＯを含む事業責任者は、毎年の事業計画の遂行に責任を持ち、既存顧客との関係性をいかに強めていくのか、そういったことへ注力しなければなりません。ＣＭＯは、中期事業計画もしくはもう少しロングレンジで市場ならびに顧客の動向を洞察し、事業責任者たちに対して経営の舵を切る際の判断根拠を提示していかなくてはなりません。いわゆるマーケットインテリジェンスという活動です。

さらに上述したように社員の意識変革と自社の事業変革のアライメントを取ることが、事業推進のエネルギーを強めるという意味で大変重要になります。どうやってアライメントを取るかといえば、それは市場の力しかありません。市場の力によってＮＥＣを変革するために、私は経営陣の末席に座っていると考えています。

そして、ＣＭＯとマーケティング部長の役割はもちろん違います。ＣＭＯの役割はマーケットの力を利活用して事業と組織を変革することであるのに対し、マーケティング部長の役割は各部門での具体的なマーケティング活動を推進することです。当社でふだんのマーケティング業務を遂行しているのはマーケティング部長たちです。彼らのほうがよほどしっかりやってくれています。全体の方向性さえ共有していればそれ以上私が日常業務に入る必要はありません。

繰り返しになりますが、素晴らしい技術や製品があり、それを買ってくれる顧客を探すとか、たくさん売れる市場を探すのが以前のＢｔｏＢマーケティングでした。基本的にプロダクトアウトのアプローチです。技術力でいえばＮＥＣは今も、ＡＩ関連の特許数や論文数では世界のトップ５に入っています。他にも世界一の技術がたくさんあります。それに頼ってある程度ビジネスもできるでしょう。しかし、世界一の技術は必ずキャッチアップされ、２位との距離が縮まっていきます。いつしか、技術力だけでは自社を差別化し続けるのは難しくなります。

ＮＥＣが掲げる「Orchestrating a brighter world」の世界観に共感いただけるパートナー様お客様との関係を強化し、共創しながら社会価値を生み出し続ける企業となることこそ、ＮＥＣの次の１００年の発展に必須の条件であると考えていますし、そのためにマーケティングが貢献できることはまだまだあると考えています。

Essence of the voice

1. コンシューマー向けであれ法人向けであれ、ビジネスには相手がいるという意味でマーケティングの必要性は変わらない。

2. 社内の意識改革を図る「インナーブランディング」もマーケティングの重要な役割である。

3. 数百あった製品ブランドを大幅に絞り込み、企業ブランドを前面に打ち出す「マスターブランド戦略」に力を入れている。

4. CMO は 5 年先、10 年先の市場環境や顧客ニーズを予測し、今からどのような手を打っておくべきか、CEO とコミュニケーションするのが本質的な役割である。

5. プロダクトアウトや技術力頼みではないビジネスを実現するため、マーケティングが貢献できることはまだまだある。

独自のポジションと逆張りマーケティング志向で中堅百貨店の新しいあり方を追求

大江弘祥

株式会社京王百貨店取締役販売促進部長

1965年京都府出身。88年同志社大学法学部卒、西武百貨店入社。婦人雑貨のセントラルバイイングを担当した後、2003年に退社。EC系ベンチャー企業を経て、同年京王百貨店に入社。16年取締役就任。現在は販売促進部長を務める。

セントラルバイイングで磨いた目利き力

私は１９８８年、セゾングループの西武百貨店に入社し、１９９４年から本部の商品部でハンドバッグや婦人靴、アクセサリー・小物、化粧品を扱う婦人雑貨全体のセントラルバイイングを10年ほど経験しました。そのことが現在にまで至る、マーケターとしてのキャリアの土台になったと思います。

当時、百貨店でセントラルバイイングをやっているところはほぼなかったと思います。品揃えの個性と業務効率の両立を目指し、一人のマーチャンダイザーが全ての店舗について担当カテゴリーの商品を仕入れる手法です。

都心の池袋店や渋谷店、当時あった有楽町店向けに海外から直接買い付ける一方、地方の店舗向けには同じようなテイストの商品をディフュージョン（セカンドライン）させて供給する仕組みを作りました。仕入れ総額は４００億円くらいに達したでしょうか。

しかし２０００年、西洋環境開発の経営不振に連動し、セゾングループは解体。西武百貨店も負債を一部負担することになり経営が悪化しました。その後２００３年に退社。Ｅ

C関連のベンチャー企業を経て京王百貨店へ移りました。

京王百貨店入社後は、婦人雑貨部の統括マネジャーをスタートに、店舗構造の改革プロジェクトリーダー、その後、営業企画や新規事業を担当、２０１９年から販売促進部の責任者をしています。

百貨店が輝いていた時代にバイヤーとして腕を振るい、たくさんの失敗もしましたが、ブランド開発をしたり、ヒット商品や人気ショップがどんなふうに生まれ広がりすたれていくのか、その過程など様々な経験を積むことができました。

今の時代、商品力だけで差別化することはなかなかできなくなっていますが、やはり小売業のマーケティングにおいては商品の素材やデザイン、そしてプライス（値付け）に対する〝目利き力〟は欠かせないと思っています。

百貨店激戦区で独自のポジショニング

京王百貨店は現在、新宿店と聖蹟桜ヶ丘店のほか、サテライト店を5つ運営しています。

百貨店は小売業の中でも厳しい業界といわれているうえ、新宿には4つの百貨店がひしめている中、当社の大きな特徴は独自のポジショニングを徹底し続けていることです。

現在の都心型百貨店は、グランドフロアにラグジュアリーブランドを展開し、各階にフロア構成に合わせた、百貨店標準クラスのブランドを並べていくという構成が一般的です。しかし、当社は20年以上前、高島屋が新宿に進出したとき、「新宿百貨店戦争」と言われる中、海外のラグジュアリーブランドを扱わず、大手と同じ品揃え構成をやめました。中堅百貨店としてターゲットを中高年女性に絞り、日常を彩るちょっと贅沢な品揃えという方向に思いきり舵を切ったのです。

私自身、当社に移ってからはこの考え方に共感し、同業大手の真似だけはすまいと自分に言い聞かせ、むしろ「逆張り」発想を意識しています。

例えば、当社の特徴的な品揃えやサービスとして、1階グランドフロアにウオーキングシューズ売り場を設け、これを百貨店では日本一の規模で展開したり、ミセス向け婦人服売り場では、他店ではほぼなくなったセーターやブラウス、パンツの単品編集を行ったり、お客様のニーズに合わせた提案を強化しています。

化粧品は丁寧に接客できるようローカウンターのチェアの配置や、日本製のスキンケア商品を充実させてきました。これが直近の日本製化粧品を求めるインバウンドニーズにも効果を発揮しています。

買い回りこそが百貨店の生命線

現在、百貨店のマーケティングでは、DMやチラシ、SNSなどで来店を促した上で、お客様にどう買い回っていただくかが大きなテーマになっています。

一つだけ目的の商品を買うのであれば路面店、専門店やショッピングモールで十分です。百貨店という業態は、来店したお客様に2ヵ所、3ヵ所と買い回っていただけるかどうかが鍵であり、それが今後も生き残るための生命線です。買い回り需要を喚起できなくなったら、百貨店の存在価値はなくなると思います。

そのためにどのように売り場を編集するのか。私が考えるポイントは、店舗全体で商品のグレードやテイスト、そしてプライスラインを揃えることです。

当社はラグジュアリーブランドのゾーンはなく、グレードのトップは未展開。その下のゾーン、つまり中間価格帯が勝負どころです。これは他の百貨店でも一番売れる価格帯であり、お互いに意識しています。常にチェックしていないと、割高感が出た途端、客数が落ちてしまいます。値ごろ感にこだわりながら面白さも追求し、ファッションからインテリア、日用雑貨まで商品やショップをしっかり選びます。

もうひとつのポイントは、買い回っていただく流れをつくることです。その起点として、重要なのが食品です。食品は百貨店が扱うカテゴリーで最も買上客数が多いうえ、歳時記対応を含めたシーズン性が高く、催事などの企画もしやすい。例えば、新宿店恒例の「駅弁大会」は２週間で６億円を超える売上で、多数のテレビ番組が取材に来ます。食品はインバウンドへの訴求にも適していて、ラグビーワールドカップや来年の東京オリンピックに向けていろいろ準備しているところです。

アパレルＰＢやギフトでも逆張りが奏功

「逆張り」としては、２０１４年からスタートしたアパレルのプライベートブランドも好調です。現在、自社を含め全国各地13ヵ所の百貨店に出店しています。

こんなアパレルが売れない時代にＰＢを立ち上げ、しかも他の百貨店にまで出すなんて無謀に思われるかもしれません。どの百貨店もミセス系、キャリア系のアパレルがどんどんショップを撤退していきます。実はそのため、地方都市を中心に好立地に出店しやすくなり、一定の需要を取り込めているのです。「アパレルはもうだめだ」といっても、百貨店にとってアパレルほど単価がとれ、リピートが見込める商品はありません。要はやり方次第ということです。

さらにもうひとつの「逆張り」が、沿線のサテライト店におけるギフト需要の取り込みです。百貨店各社の郊外店の撤退が続く中、当社のサテライトショップが百貨店商品やギフトのニーズのあるお客様の受け皿になることができたのです。

一方、ECについては、営業企画部長時代から担当していますが、非常に難しいビジネスです。もともと当社はシニア層の固定ファンが多く、デジタル一辺倒というわけにはいきません。ただ、カード保有者の購買比率が高いので、その分析には力を入れています。その中で、最近分かってきたのは、当社のお客様がECを使うのは、わざわざ来店するのが面倒な中元／歳暮ギフト、おせち、福袋などに限られるということです。洋服やスーツはやはり来店し、吟味して買っていらっしゃいます。また、店舗の品揃えと全く違うようなものをECで薦めても、なかなか買っていただけないことなども分かりました。こうした知見をマーケティングにどう反映していくかは、今後の課題です。

失敗しても挑戦を続ける気概と人間力

経験上、マーケターに必要なものとして、まず挙げたいのはポジティブさです。自分なりに全力を尽くしたつもりでも、７割は失敗します。有名なマーケターでも、手掛けた案件全てで成功している人なんて皆無でしょう。

失敗しても失敗しても立ち上がり、挑戦を続ける。その気概と人間力がないと、マーケターとして結果を残すことはできません。

もうひとつ挙げたいのは、失敗から学ぶことです。私の場合、西武時代の失敗の多くは、顧客視点を欠いていたことが原因でした。いまは、何をやるにしても顧客視点を徹底するように意識をしています。

一方、西武時代から変わらず続けているのは、社外や異業種のネットワークを広げることです。小売業、特に百貨店だからかもしれませんが、マーケティング業務において社外のネットワークがここ一番というとき大きな力になります。変化のスピードが上がれば上がるほど自社や個人だけでの対応がますます難しくなります。

先ほど触れたアパレルPBは、アパレル関係のネットワークから生まれたものです。新宿店で力を入れている人気ショップの発掘と誘致などもそうです。

ネットワークを広げるには、とにかく人に会い、お話をするしかありません。自分から積極的に他業界の人に会いに行ったり、紹介してもらったり、ネットワークを広げることには相変わらず貪欲です。これによって通常業務では手に入らない知見を得られます。

時代は大きく変化していますが、今後も自分の強みを生かしつつ、長い歴史の中で培われてきた百貨店の新たな可能性を自分なりに追求していくつもりです。

Essence of the voice

1. 小売業のマーケティングではいまも、商品の素材やデザイン、値付けなどについての目利き力が欠かせない。

2. 大手の真似ではなく、「逆張り」を意識することで新たなビジネスチャンスが広がっていく。

3. 百貨店の生命線は買い回りのための売り場編集。店全体で商品のグレードやテイスト、そしてプライスラインを揃える。

4. 失敗しても失敗しても立ち上がり、挑戦を続ける。その気概と人間力がマーケターとしての結果につながる。

5. 時代が進むにつれてマーケティング業務では、社外のネットワークがここ一番というとき大きな力になる。

転換期にある小売業のマーケティング
小売はネット対応を見直し
メーカーは小売との共創を目指せ

大久保恒夫

株式会社リテイルサイエンス代表取締役社長、株式会社エムアイフードスタイル取締役

1958年愛知県出身。79年早稲田大学法学部卒、イトーヨーカ堂入社。89年プライスウォーターハウスコンサルティングを経て、財団法人流通経済研究所へ移籍。90年リテイルサイエンスを設立し、代表取締役社長に就任。ファーストリテイリング、良品計画等の経営改革コンサルティングを行う。2003年ドラッグイレブン代表取締役社長に就任、経営危機にあった同社の業績を急回復させる。07年成城石井代表取締役社長に就任、業績回復に貢献。11年セブン&アイ・フードシステムズ代表取締役社長に就任。創業以来赤字だった同社を黒字体質に変革する。11年セブン&アイ・ホールディングス取締役、13年同常務執行役員。2017年リテイルサイエンス代表取締役会長、18年同代表取締役社長。同年エムアイフードスタイル取締役。

これからはプロセス的マーケティングが主流に

近年、小売業におけるマーケティングは大きく変わってきています。

具体的には、各種調査やインタビューをもとに消費者のニーズを探る分析的なマーケティングが難しくなってきています。それに代わり、店頭において次々と施策を打ち、消費者の反応を見ながら潜在的なニーズを掘り起こすというやり方のほうが効率的になってきているのです。「こんなニーズがあるかもしれない」と思ったら、まずやってみる。店頭での反応を見て「意外にいける」となれば、さらにやってみる。「ちょっと違うかな」となれば、すぐ変える。

小売業では、メーカーが顧客を分析するより、「売ってみればすぐ分かる」というのが私の考え方です。セブン&アイ・ホールディングス流で言うと「仮説検証」、一般的にいえばPDCAです。PDCAを回す中でお客様のニーズを見つけていく、プロセス的マーケティングがこれからの主流になるでしょう。

データが不要だなどといっているわけではありません。様々な施策をやってみて、それに対する消費者の反応をビッグデータ化し、ＡＩで分析するということもプロセス的マーケティングの一環です。

今までも、マーケティングオートメーションなどを利用し、ネット上での消費者の購買行動がかなりデータ化できました。今後はさらに、店頭でも画像認識技術を使い、ビッグデータを集められるようになるでしょう。買い物客がどこを歩き、どの商品を手に取り、買い物かごに入れたのか、棚に戻したのか、いつニッコリ笑ったのか、困った表情をしたのか、などが分かるようになるでしょう。

ただし、小売がＰＯＳデータをメーカーに売るといった動きには反対です。ＰＯＳデータは小売とメーカーの共有財産として、様々な視点から結果を検証する。プロセスを回す中で、もっとこうしたらいいのではないかという意見を持ち寄り、お客様のニーズに近づき、どう売上を伸ばすかを考えるのです。

こうした流れは、顧客の潜在的なニーズの顕在化にもつながります。

今までお客様に「何が欲しいですか」と聞いても、なかなか答えは見えませんでした。それより、実際に店頭に並べてみれば、買ってもらえるかどうかは一目瞭然です。インタビュー調査やデータ分析だけでは分からなかった潜在的なニーズが見えてくる。

プロセス的なアプローチと潜在ニーズの顕在化。これが小売業のマーケティングにおける大きな変化なのです。

小売における店頭とネットの位置づけ

小売業におけるネットの活用について、お話ししておきます。

かつて、ネットスーパーを始めたものの会員がなかなか集まらなかった時代に、「チラシ商品がネットでも買えます」「店頭よりお得なネット価格で買えます」といったプロモーションをしました。ところが、チラシ商品しか売れないので粗利がどんと落ち、全然儲かりませんでした。

基本的にネットスーパーで価格勝負のプロモーションをしたら、大打撃を受けるだけです。ネットと店舗ではマーケティングの考え方を変えないといけません。

店舗であれば、赤字であっても広告商品をチラシの目玉として載せるのは当然です。集客できれば、わざわざ店に来たついでに、他の商品も買ってもらえるのでトータルでは利益が出るからです。

ところがネットスーパーでは、広告商品がすごく売れてそれで終わり。実際、店舗ではチラシを打っても広告商品は売上点数の10％ぐらいにとどまるのに、ネットでは40％くらいになってしまいます。他の掲載商品を買い回るという行動をしてくれないのです。

また、ネットスーパーでは、ドリンク、米、ビール、ティッシュ、トイレットペーパーなど重くてかさばり、持ち運びが大変な商品がよく売れる傾向もあります。これらはいずれも粗利が1桁台の商品ばかりで、配達員が車で届けていたら赤字が膨らむばかりです。

私は、こんな売り方はやめるべきだと申し上げています。ネットスーパーは、店舗とは違う品揃えや価格設定にしなければなりません。

例えば、ネットではこだわり商品が売れます。興味のある商品の背景や特徴などを丁寧に説明すると、じっくり読んでもらえるからです。そして、納得すれば高額の商品でも買ってもらえます。店頭で細かい説明を付けても、買い物客は忙しくてほとんど読んでくれないのとは対照的です。重くてかさばる商品も、店舗より多少高くても持ってきてほしい消費者は必ずいます。

ネット活用におけるプロモーションは、そうした方向に見直していくべきでしょう。

メーカーは小売との共創を目指せ

メーカー側から小売との関係を見ると、今まで利益をどちらがどれだけ取るのかという競合関係が見られました。

しかし今後は、運命共同体という意識で、小売の店頭を使いながら、顧客のニーズをいち早く見つけていくようにすべきです。

小売にはない生産機能などの特徴をどう発揮していくかも問われます。小売側では今後ますます、商品のプライベートブランド（ＰＢ）化が進んでいくでしょう。それも、セブンプレミアムが先鞭をつけたように、品質が良いＰＢ商品をメーカーと共同開発し、メーカー名も表示するといった流れが強まることは間違いありません。

ＰＢ商品によっては、メーカー名を表示することで企業イメージが落ちるケースもないとは限りません。メーカー側とすれば、独自の技術など自社の特徴を発揮できるところと組むことが大切です。

逆に、高級スーパーが扱うオリジナルのＰＢ商品であれば、生産量がそれほど多くなくても、メーカー名を出すことが他の小売への営業などでひとつの材料になるでしょう。そうした取り組み自体が、ある種のマーケティングになるのです。

メーカーにとってもう一つ大事なのは、ブランド・ロイヤルティの確立です。キユーピーのないマヨネーズ売り場、ネスカフェを置いていないコーヒー売り場がないように、メーカーとしてのブランド・ロイヤルティが確立されていれば、売り場に必ず自社商品が並びます。メーカーにとっては、ＰＢ対応も含め自社ブランドをどう確立するのかということが、小売業との関係で大変重要になってきていると思います。

〝結果〟にコミットするコンサルティング

私は現在、リテイルサイエンスという小売業・流通業専門のシステム開発とコンサルティングを手掛ける会社を率い、顧問先は数十社に及びます。

コンサルティングにおける私のスタイルは一貫していて、先方の経営改革会議や営業会議などに出席し、白紙の状態でいろいろ議論を聞き、「こうしたらいいと思います」「こうしておいてください」とその場で具体的な提案や指示を出します。次回、その結果を聞いてまた、「こうしましょう」「こう変えましょう」と提案・指示します。

消費者のヒアリングやデータ分析、提案書の作成などは一切やりません。その代わり、〝結果〟には責任を持ちます。

一例として最近、弁当の商品開発を手がけました。あるローカル食品スーパーで、３９８円のシャケ弁当を売っていたのですが、シャケを2倍の厚みにして４９８円にするよう提案しました。シャケをぶ厚くして、１００円値上げする。それだけです。

結果的に、見た目のボリュームがアップし、売上は1・3〜1・55倍に。粗利率も大幅に改善しました。原価は多少上がりますが、シャケの厚みを2倍にしても１００円の値上げに比べれば微々たるものです。

これもまさにプロセス的マーケティングの実践であり、成功事例が続出しています。

若手マーケターに贈る言葉

小売業に限らず、これからの時代のマーケティングでは、データを使って仮説検証を繰り返すということが決定的に重要です。若いマーケターにはぜひ、そういう癖を付けてほしいと思います。

具体的には、データを見ながらお客様はどうすれば喜ぶのかを想像し、仮説を立てる。それを実行し、データで再び検証する。この繰り返しをスピーディーに、徹底して行うことです。

データの分析にそれほどこだわる必要はありません。仮説を立てるために必要なのは分析力ではなく創造力です。そして、仮説を立てたら計画性を持ってPDCAをとにかく回す。仮説検証がマーケティングの鍵を握るということは、創造力と企画力の勝負であり、マーケティングはいまよりもっと面白くなると思います。

メーカーのマーケターであれば、それを小売と一体となってやっていく。失敗を恐れず、どんどん挑戦してみてください。

企業経営において、マーケティングとイノベーションは永遠の課題です。

Essence of the voice

1. 小売業のマーケティングはいま、仮説検証のＰＤＣＡを回しながら顧客ニーズを見つけていくプロセス的マーケティングが主流になってきている。

2. ＰＯＳデータをはじめ様々なデータを活用し、顧客の潜在的ニーズを顕在化させることもプロセス的マーケティングの一環である。

3. ネットスーパーは、店舗とは違う品揃えや価格設定でマーケティングを行うべきである。

4. メーカーは、小売と運命共同体という意識で、小売の店頭を使いながら、顧客のニーズをいち早く見つけていくべきである。

5. 仮説検証は創造力と企画力の勝負であり、マーケティングはいまよりもっと面白くなる。

リアルとデジタル、感性と理性
様々なアプローチを通して
顧客のエンゲージメントを高めていく

奥谷孝司

オイシックス・ラ・大地株式会社執行役員兼COCO（Cheif Omni-Channel Officer）
1997年良品計画入社。3年の店舗経験の後、2年ドイツ駐在。家具、雑貨関連の商品開発や貿易業務に従事。帰国後「World MUJI企画」を運営。2003年良品計画初となるインハウスデザイナーを有する企画デザイン室の立ち上げメンバーとなる。05年衣服雑貨部の衣料雑貨のカテゴリーマネージャー。定番商品の「足なり直角靴下」を開発、ヒット商品に。10年WEB事業部長。「MUJI passport」のプロデュースで14年日本アドバタイザーズ協会Web広告研究会の第2回Webグランプリの Web人部門でWeb人大賞を受賞。15年10月からオイシックス（当時）入社。現在、執行役員COCOを務める。18年9月には大広との共同出資会社顧客時間を設立。取締役共同CEOに就任。
10年早稲田大学大学院商学研究科夜間主MBAマーケティング・マネジメントコース（守口剛ゼミ）修了。17年4月から一橋大学大学院経営管理科博士後期課程在学中。

ショッパーとユーザーの切り分けが可能に

私は小売業出身で、売り場から考えることがマーケティングの原点でした。現在は学術研究にも関わっていますが、私にとってマーケターとはショッパーマーケターであり、最も興味があるのは顧客の購買プロセスです。

顧客が商品の購入を検討し始め、店舗に出かけ、代金を支払い、使用・消費するプロセスを「顧客時間」と捉えます。その間の行動を理解し、どうやってコンバージョンへつなげるか。さらに、購入後の「使用時間」についても検討し、いかに再購買に結び付けるか。一連の流れを実務と学術の両面から捉え、追求していくのが私の基本スタイルです。

「ショッパーマーケティング」という概念は2007年、米国の消費財業界団体GMA(Grocery Manufacturers Association)が提唱したことが始まりといわれ、顧客の店頭での動きや考えにフォーカスするのが大きな特色です。

こうしたアプローチは、デジタル分野が先行しています。SEO対策やSNS対応で自社サイトへ誘導すれば、その後、買い物かごに何を入れたのか、それを買ったのか買わなかったのか、どこで離脱したかなど、サイト内での行動は全て把握できます。最近、同じようなことが実店舗でもできるようになってきました。福岡を中心に大型スーパーを展開するトライアルホールディングスは、子会社が開発した「リテールＡＩカメラ」を店内に設置し、顧客の行動や棚の状態を確認できるようにしたり、スマートレジカートというセルフレジ機能が付いたカートでの買い物を実現しています。店内におけるデジタルコミュニケーションがリッチ化することで、来店時のコミュニケーションから、お客様の購買行動、そして立ち寄った人を分母として売り場ごとのコンバージョンレートが計算できるようになりました。

今までショッパーとユーザーはよく混同されてきましたが、いよいよデジタルを通して切り分けることができるようになってきたのです。

オムニチャネルの買い物価値とは？

ショッパーにとって買い物には、ヘドニシティ（快楽性）とユーティリティ（合理性）という２つの価値があり、ショッパーマーケティングはその両方に迫らなければなりません。オンライン、オフライン、モバイルのタッチポイントごとに存在する買い物価値に対するヘドニシティとユーティリティを考慮したひとつのモデルが「オムニチャネルショッピングバリュー」です。

これは現在、私が取り組んでいる博士論文のテーマ「デジタル時代の顧客経験」のベースになる考え方です。

マーケティングの世界では盛んに「オムニチャネル」と言われますが、オムニチャネルの買い物価値とは何なのか。

実際にオムニチャネルで買い物をしている顧客には、不思議に思う点が少なくありません。店舗で商品を見て、在庫があるのを確認し、それからネットで注文し、店頭で受け取ったりするのです。オン／オフを行き来すると時間や労力など負担が増します。普通に考えれば、なぜ店舗ですぐ買わないのか。友人の影響なのか、楽しいからか、ある種の癖なのか。

店頭受け取りサービスを利用するボピス（ＢＯＰＩＳ：Buy Online Pick-up In Store）について最近、大手調査会社と組んで1万人規模のアンケートを行ったところ、意外に高齢者が多いことが分かりました。もちろんこれはアンケートに答えてくださる母集団に高齢者が多かったという要因もあると思いますが、実際にオン／オフをしっかり使いこなして買い物する人は、可処分時間と可処分所得が高いように思います。そういう人ほど代理購買も多いはず。そう考えるとデジタルの進展は高齢者にもおよび、その辺りを深く考察していくことがオムニチャネルの買い物価値理解への糸口があるように感じています。

接触と経験の積み重ねとしてのエンゲージメント

多くの買い物プロセスは1回では終わりません。私が関わってきたBtoCの日用品には必ず繰り返し購買があり、顧客満足が大きく影響します。

伝統的に言われていることですが、顧客満足の第一の指標は再購買率であり、その次がブランド・ロイヤルティです。

ブランド・ロイヤルティに関して昨今、様々な業界でエンゲージメントということが言われますが、単にSNSで「いいね」をしたとかリツイートしたというのでは何も分かりません。

再購買してもらい、そこでも満足してもらい、ようやくロイヤルティが生まれるはずです。多様な接触と経験が時系列に積み重ならなければ、エンゲージメントが形成されることはないでしょう。

マーケターとして顧客エンゲージメントを構築するには、リアルとデジタルの両方から接触を試みなければなりません。

同時に、右脳（感性）、ヘドニシティだけに働きかけるのではなく、左脳（理論）、ユーティリティにも働きかけなければならないと思います。私が現在、執行役員を務めるオイシックス・ラ・大地でも、消費者に心地よく左脳を使ってもらうため、安心安全やおいしさというロジック、商品背景の説明に時間をかけることを常に意識しています。

こうした時系列の積み重ねとして現れる累計購買数が本来のエンゲージメントであり、ブランド・ロイヤルティの証でしょう。

もちろん、他人への推奨といった非購買行動としてエンゲージメントが現れることもあります。しかし、そういう顧客は限定的で、注目しすぎると判断を誤ると思います。

これからの時代に求められるマーケターの条件

そもそもマーケターには、人間への興味が欠かせません。いつの時代であれ、どうしたら人が喜ぶのかを考えられない人は、マーケターには向いていません。

当社には「お客様を裏切れ」という考え方があります。お客様がもともと期待していなかったところで優れた体験を生み出すことを、良い意味でそう呼んでいるのです。

人間への興味は当然として、これからの時代のマーケターにぜひ必要なのは、顧客とのリアルなタッチポイントを考えておくことです。

特にネット企業の場合、ＰＶやコンバージョン率に注意が向きがちな分、リアルなタッチポイントについての意識が欠けているような気がします。

もちろん、ネット企業のビジネスモデルでは店舗を必ずしも展開する必要はないですし、売上や利益が伸びているのであれば商品強化に集中すればいいでしょう。

しかし、大きなトレンドとしてネット企業も次第にリアルなタッチポイントを増やす方向にあります。店舗でなくても、ポップアップストアや移動販売などリアルなタッチポイントをつくっていくやり方はいろいろあります。

私もいま、執行役員ＣＯＯ（Chief Omni-Channel Officer）として保育園事業を管掌しています。独自の受発注システムを使い、関東を中心に約３００の保育園へ食材を販売しており、管理栄養士による献立提供と栄養相談のサービスも行っています。さらに、野菜の生育をテーマにした紙芝居の配布、ハロウィンかぼちゃといった季節イベントの提案や契約生産者での収穫体験、食育学習なども実施しています。

保育園には、当社のメインユーザーである子どもとお母さんたちがたくさんいます。売上増に直結するわけではありませんが、ブランディングやカスタマー・コミュニケーションのチャネルとして大事にしているのです。

もうひとつ、これからの時代のマーケターに必要な条件としては、マーケティングに関する全方位的な理解も挙げておきたいと思います。

なぜなら、デジタルマーケティングがサイロ化していることが問題だと感じるからです。統合マーケティングの重要性がますます叫ばれる昨今、デジタルマーケティングに携わる人もテレビＣＭやパブリシティーについて理解しておく必要があります。顧客とのタッチポイントはＥＣサイトだけでなく、アプリや店頭など様々な場面に広がっており、先ほど触れたようにリアルでのショッパーマーケティングの精度も急速に上がってきています。

デジタルについて言うと、5Gの時代には「コンテンツベロシティ」という概念が非常に重要です。企業が様々なデジタルチャネルを通して顧客に接触し、良質な体験を提供するには、よりスピーディーに良質なデジタルコンテンツをつくり、それを的確に届けなければなりません。例えば、店頭でスニーカーを手にとって見ながら、ネットでその商品について調べている顧客に、オンラインでどのようにコミュニケーションをとっていくのか。

海外の靴メーカーのCDOが面白いことを言っていました。店頭の商品は1週間に1回入れ替えればいいけれど、デジタルでは3倍から5倍のスピードでコンテンツを入れ替えていかないと勝てない、というのです。

マーケティングの世界はこのように今、急速に変化しつつあります。意欲ある若手の挑戦に期待しています。

Essence of the voice

1. 小売業出身の私にとって売り場から考えることがマーケティングの原点であり、最も興味があるのは顧客の購買プロセスである。

2. オンライン、オフライン、モバイルのタッチポイントごとに存在する買い物価値に対するヘドニシティ（快楽性）とユーティリティ（合理性）を融合した買い物価値モデルを「オムニチャネルショッピングバリュー」と名付けている。

3. オムニチャネルの利用者には、店舗で商品を見て、ネットで注文し、店舗で受け取るといった一見非合理的な行動を取る顧客が少なくない。

4. 多様な接触と経験が時系列に積み重ならなければ、ブランドに対するエンゲージメントが形成されることはない。

5. 顧客が期待していなかったところで優れた体験を生み出すことを「お客様を裏切れ」と呼び、重視している。

徹底的にロジカルな思考と人間へのあくなき興味がマーケティングのプロを育てる

音部大輔

株式会社クー・マーケティング・カンパニー代表取締役
愛知県出身。関西学院大学商学部卒、P&Gジャパン（マーケティング本部）入社。日本と米国のP&Gで17年間ブランドマネジメントやイノベーション方法の確立などに従事した後、ダノンジャパン、ユニリーバ・ジャパン、日産自動車、資生堂など複数のブランドを擁する企業でブランドマネジメント組織を指揮・構築。組織強化を通したブランドの成長を実現。2016年、CNET JapanのCMO Awardを資生堂ジャパンCMOとして受賞。日経クロストレンド アドバイザリーボードメンバー。日本マーケティング学会 理事。著書に『なぜ「戦略」で差がつくのか。』（宣伝会議）、『マーケティングプロフェッショナルの視点』（日経BP）がある。18年1月から現職。博士（経営学 神戸大学）。

抽象化・概念化から生まれた「パーセプションフロー」

マーケターとして、私がこれまで常に意識してきたことの一つは「抽象化」と「概念化」です。「抽象化」とは、対象から重要な何かを抽出し、同時に重要ではない何かを捨てることです。すなわち、対象の本質を浮き彫りにする作業といっていいでしょう。「概念化」とは、そうやって抽出した対象の本質を他の要素と関連させ、体系の中に位置づけることです。そのことによって汎用性が生まれ、対象を扱いやすくなります。

マーケティングにおける抽象化・概念化は、商品をいろいろな角度から見て、多面的な軸を設定することから始まります。具体的な方法論としてはまず、様々な学問領域のフィルターを通すことです。経営学だけでなく、会計学や自然科学などを通して商品を見たとき何が見えるのか。なるべく多く、別の切り口を持つようにします。

もう一つは、第三者の視点を想定することです。例えば、上司ならどう考えるか、上司の思考を真似てみるのです。これは、プレゼンなどのときにも有効です。相手ならどう言うか、どこを指摘してくるか考えながら用意すると効果的です。

さらにもう一つ、意識的に時間をずらす方法があります。例えば、2019年に2020年春シーズンに向けたプランニングをしているとき、自身を2021年の春においてみます。そして、計画の半分しか売れていない、あるいは計画の倍以上売れているといった事態を歴史的事実として想定するのです。自分を遠い未来に置いて、そこから近い未来を過去として振り返ってみるわけです。いつもは過去の延長線上で未来を考えている脳が違う動きを始め、想定外を想定しやすくなります。

私が提唱しているマーケティングのマネジメント・モデル「パーセプションフロー・モデル」も、いまから30年前にこうした抽象化・概念化の作業を繰り返す中から生まれたものです。当時はP&Gで、洗濯用洗剤を担当していました。除菌効果を訴求し始めるにあたって、顧客の購入意向は極めて低い状況でした。洗濯した衣類に多少、菌が付いていても特に不便があるわけではなく、グループインタビューをしても「欲しい」という人はほとんどいませんでした。とはいえ、なにかしら菌が付いている洗濯物と、一定以内に菌を抑えた洗濯物と、どちらを着たいですかと聞けば、やはり少ないほうがいいという答えが多いのです。この違いをブランドが提供するベネフィットとして理解してもらい、愛着を感じてもらい、周りに薦めてもらえるところまでもっていく。つまり、顧客の意識における洗剤の定義を変えてもらうわけです。そのためには、きちんと手順を踏んだ体系的なセットアップが必要になります。

商品の定義を変えるのが市場創造であり、マーケティングの役割だと私は考えています。優れたマーケターは「良い洗剤」「良いクルマ」あるいは「良いウェブサービス」の定義を改め、受け入れてもらい、広める存在なのです。

強いマーケティング組織をいかにつくるか

現在はコンサルティング会社を立ち上げ、かつてマーケティング組織構築で実践した際に使ったのと同様のスキームを様々な企業に提供しています。結果がちゃんと出るのは、ありきたりな話ですがマーケティング組織が強くなっているからです。マーケティング組織が強くなっていくからブランドが強くなり、伸びているのです。

マーケティング組織が強くなるとは、組織として日々、成長しているということです。成長とは、経験などを含めた広い意味での知識レベルが高まることである、というのが私の定義です。大事なのは知識です。一つやってだめなら別のことを試す。うまくいったらもう一度やる。レビュー（振り返り）を通してもっとうまい方法を見つける。実験予算を確保して野心的な試みを実験してみたり、他社の研究をしたりするのもいいでしょう。

こうして組織単位で知識を集め、蓄積し、流通させる仕組みを実装すれば、日々のラーニング効率が劇的に改善し、組織は間違いなく成長します。

例えば、私がある国内企業にCMOとして入社したとき、対前年度比で伸びているブランドは数える程でした。それが1年後には数倍になりました。一つ一つのブランドに張り付いて指示を出すといったことをしたのではありません。ターゲット消費者を深く理解し、目的と資源を明確に解釈して戦略を立て、ロジカルな思考を徹底して、知識の流通量が上がる仕組みを構築しました。

ターゲットとする消費者の認知がどのように変化するのか考えるだけで、マーケティング活動のアプローチが変わります。スポーツでコーチが身体の正しい動かし方を教えるのと同じことです。それが分かれば、驚くほど短期間で結果が出るのです。

マーケティングにおけるアプローチということでは、「目的」の重要性についても強調しておきたいと思います。マーケティングに限らずあらゆるビジネス活動では、一貫性を持って様々な取り組みが展開されることが必要です。それには、目標地点がきちんと定まっていなければなりません。目標地点が定まれば、そこへ向かって真っすぐ向かえばいいだけです。この目標地点が「目的」です。私の最近の著書には「目的」という言葉が600回ほど出てきます。部下にはいつも「目的」をしつこく聞きます。最初は嫌がられますが、すぐ慣れてきて、みんな目的を確認して行動するようになります。

私がこれほど「目的」にこだわるようになったのは、P&Gで洗濯用洗剤を担当していたときの経験からです。当時、マーケティングプランを作成するにあたり、利益を優先するか、シェアを優先するか悩んでいました。ある先輩に相談したところ、「そもそも目的はなんですか。目的に決めさせればいいんですよ」と言われたのです。私もまだ若く、何を基準にプランをまとめればいいか分かっておらず、この言葉には衝撃を受けました。

自社製品の市場シェアが半分くらいに落ちていて、それを半年で元に戻すようにというのが私に与えられたミッションでした。もともと利益率はさほど高くなく、また洗剤は装置ビジネスで販売量が一定ラインを下回ると採算がどんどん悪化します。こうしたことを踏まえれば、「目的」は利益ではなく、まずシェアを取り返すことです。こうして目的が非常に明快になり、プロジェクトはうまく進むようになりました。

ＣＭＯやマーケティングリーダーには２つのタイプ

ＣＭＯやマーケティングリーダーには、ナポレオン型とモルトケ型の2種類あるというのが私の持論です。ナポレオンはご存じのように18世紀フランスの軍人・政治家で、記録に残っているだけでも勝率9割以上という軍事の天才です。ナポレオン型のＣＭＯやマーケティングリーダーは有名ブランドなどを率い、自身も最前線で戦うタイプです。ただし、それは1社1ブランド、あるいは数ブランドまでなら機能しますが、20とか30になってくるとうまくいきません。なぜなら、本人の能力が並のマーケターに比べ10倍だったとしても、担当するブランドが増えれば各ブランドに割ける能力と時間が分散されてしまうからです。顧客の理解などが十分にできなくなり、〝昔取ったきねづか〟を振り回し始めると急速に無能化していきます。

一方のモルトケは19世紀プロイセンの軍人で、近代ドイツ陸軍の父と呼ばれる人物です。モルトケ型のＣＭＯやマーケティングリーダーは、チームとしての共通言語や標準化されたオペレーション、レビューと提案のプロセス化といったコンポーネントを整備し、ブランドマネジャーなど、多くのメンバーの持っている力を最大限に引き出します。モルトケ型では指導や教育がとりわけ重要です。教育が好きとか得意ということではなく、ブランドが増えればそれ以外に勝ち筋はありません。

自分がコントロールできる範囲でマーケティングの成果を最大限上げるのも勝ち方の一つです。同時に、複数のブランドを擁する企業では、個々のブランドマネジャーたちが存分にそれぞれの力を発揮できるよう、彼らのトレーニングを含めてセットアップするのがＣＭＯやマーケティングリーダーの役割です。ちなみに、このことに気づいたのはやはりＰ＆Ｇ時代、グローバル・マーケティングの責任者をしていたジム・ステンゲルの言動を近くで見聞きし、社内で起きていることを抽象化してみたのがきっかけです。ただ、その意味が理解できるようになったのはかなり後になってのことでした。

これからの時代に求められるマーケターの条件

これからのマーケターに求められる資質や条件をひと言で言えば、「安定して結果を出せること」です。時代にかかわらず大事です。それには、自身が結果を出せる領域がどこか、得意分野が分かっていることが前提になります。苦手な分野があっても構いません。私も苦手はあります。モルトケ型かナポレオン型かといわれれば私はモルトケ型のほうです。自分の得意な領域で、自分の固有の資源をうまく使えることが結果につながるのです。

もう一つ、これからの時代に求められるマーケターの資質として、「人間を見よ」ということを挙げたいと思います。以前、消費者の70％は液体洗剤を1本当たり単価ではなく、ミリリットル単価で選ぶという調査データが出てきたことがあります。このデータをそのまま信じるのか、何かおかしいと感じるのか。実は、「液体洗剤を買うとき1本当たり単価で選びますか、ミリリットル単価で選びますか」と質問していたのです。回答する人にすれば、自分を賢い消費者に見せたいというバイアスが働いた可能性が高い。

私は自分のことを「生活者」や「消費者」だと思ったことは一瞬たりともありません。「誰もが人間なのだ」というシンプルな本質を忘れないことが極めて重要です。人間を包括的に理解できれば、マーケティングがどんどん面白くなり、どのような場でも活躍できるマーケターになれるはずです。

Essence of the voice

1. マーケティングにおける抽象化・概念化のエクササイズを繰り返す中から「パーセプションフロー・モデル」が生まれた。

2. 顧客の意識における商品の定義を変えるのが市場創造であり、マーケティングの役割である。

3. マーケティングに限らずあらゆるビジネス活動において、一貫性を持った取り組みを展開するには「目的」が明確に定まっていなければならない。

4. CMO やマーケティングリーダーにはナポレオン型とモルトケ型があり、モルトケ型はとりわけチームメンバーの力を最大限に引き出す存在である。

5. 自分を「生活者」や「消費者」だと思ったことは一瞬たりともない。「誰もが人間なのだ」というシンプルな本質を忘れないことが極めて重要である。

現場で学んだ企業人格、ブランドの大切さ

鹿毛康司

エステー株式会社執行役エグゼクティブ・クリエイティブディレクター
１９５９年福岡県出身。84年早稲田大学商学部卒、雪印乳業入社。93年、ドレクセル大学ＭＢＡ取得。２００３年にエステーへ。15年間にわたりコミュニケーション領域の責任者として活動。04年からネット動画コンテンツ、07年にはツイッターを使って戦略ＰＲを展開している。グロービス大学院准教授。

個人に人格があるように、企業にも人格があるということ

私は大学卒業後、雪印乳業に入社し営業やマーケティングを担当していました。その間に会社派遣でアメリカに留学させてもらいＭＢＡを取得しました。本場のアメリカでマーケティングを勉強してきた私は、その経験があればなんでもうまくいくと大いなる勘違いをしていたと思います。ブランド論については誰にも負けないというような全く根拠のない自信がありました。今考えれば何の実績もなく、どうしようもないマーケターだったのです。

そんな私の鼻を折ってくれたのが当時の現場体験でした。不幸にも食中毒を起こしてしまった時のことです。お子様が入院されているお母様を訪問する時に、なんと言葉をかけていいのか全く分からなかったのです。原因が判明していない中での訪問だったのですが、個人では申し訳ないという気持ちを伝えることはできても、組織として何をおわびし、何をお約束できるか全く考えがおよびませんでした。「ブランドとは企業の約束だ」なんて偉そうにしていた私が、目の前のお客様には無力でした。本当に恥じました。

その時、個人に人格があるように企業にも人格があって、それこそがブランドなんだということを感じました。そしてブランドは企業のものではなく、そのブランドといっしょに生活をして人格を感じているお客様のものだということも認識しました。理論だけでは解決できない現実がそこにあり、ちゃんと「ひと」と向き合って活動することこそがマーケティングの本質だという、当たり前のことに心から気づかされました。

そのほかにもワインの事業や営業改革の仕事など、雪印時代にはたくさんの経験をさせていただきました。その財産をもって、２００３年に次のチャレンジ場所としてエステーを選びました。

世の中で新しいマーケティング手法を開発し実践する

エステーの鈴木喬社長（現会長）に魅力を感じて入社を決めました。企業トップとしての志と決断力をお持ちの鈴木社長に強く惹かれました。入社後に鈴木社長から「宣伝でもやりますか」と言われて今にいたっています。

食の世界から消臭剤や防虫剤の世界に身を委ねたのですが、お客様に向き合うという重要性は変わらないだろうと思って活動してきました。ただ、大きな課題がありました。エステーの企業規模は大手雑貨メーカーの10分の１程度と小ぶりで、広告予算もそれに合わせて小さなものでした。

マーケティング手法はもちろん徹底的に活用しましたが、やはり予算ではかなわないこともたくさんあります。本やセミナーで紹介されている事例を後追いしても規模ではどうしてもかないません。チャンスがあるとすればマーケティングは常に変わり続けるということです。そこで、マーケティング思考と手法は採り入れつつ、さらに世の中であまりやられていないことを真っ先にトライし続けようと思いました。手法を開発し続け、誰もやっていないことをやり続けることで、予算を超えた勝負ができるのではないかと大それたことを考えました。通常は宣伝部長の立場であればマーケティング立案とチームマネジメントを行うことが多いと思いますが、独学でクリエイティブや撮影、編集技術を覚えていきました。いまでは当たり前となった動画を使ったコンテンツマーケティングのようなことを２００４年にスタートし、２００７年には特命宣伝部長、高田鳥場（たかだのとりば）という別名でツイッターを始め、ＳＮＳを使った戦略ＰＲ展開を模索していきました。同時に、テレビＣＭを中心としたクリエイティブ改革にも着手していきました。当時としてはおそらく誰もやっていなかった「連続もののCM」もやったりしました。

これらのコミュニケーション手法の新しい開発と展開は当時、まわりから「遊んでいる」「奇策だ」と冷たい視線を浴びましたが、結果、売上にも貢献することができて、2014年には日経企業イメージ調査の「良い広告活動をしている」の項目で、エステーが日本企業の中で5位（ビジネスパーソン）にランクされるというサプライズも起きました。エステーは変わったCMが特徴だと耳にしますが、本当は、お客様に向き合うマーケティングを行いつつ、その上で新しいことにトライし続けて小が大に勝つという戦略こそが強みであったと思います。

東日本大震災、西川貴教さんとミゲルとの出会い

マーケティング手法はとても大切だと思いますが、それが全く通用しないことが起きました。2011年の東日本大震災直後のことです。震災が起きて世の中の空気がどう変化して何をすべきかは、本来は調査分析してマーケティング手法に沿ってある程度の道筋を立てるべきでしょうが、あの時はそのような平時の手法は現実的ではありませんでした。

どうしていいか分からないから、各社は通常のＣＭをやめて、ＡＣジャパンのＣＭを放送し続けていました。

あの時、エステーが日本で震災後に初めて商品ＣＭを制作して放送できたのは奇跡だったかもしれません。思い返せば、通常のマーケティング手法は使わなかったけれど、マーケティングの思考は使いました。ツイッターで流れてくる声を見続けてお客様の声を想像しました。多くの人は震災で心も疲れていて「日常に戻りたい」という心の奥底にある声は想像できました。マーケティング用語ではインサイトという言葉で表すのでしょうが、もっと「えぐい」叫びみたいなものだったと思います。

その上で雪印時代に教わった「企業人格」について考えてみました。「企業はお客様が喜んではじめて存在できる」のだから、エステーは何に喜ばれて存在しているのだろうと思考しました。当たり前の結論なのですが、世の中の空気を消臭することで喜ばれている、それをちゃんと伝えることが企業の姿勢だと結論づけました。３月16日に鈴木社長にそのことを相談しました。鈴木社長は「志ですね。今までお世話になった東北の人たちのためにもＣＭをつくりましょう」と賛同してくれました。

私ではできない大きな決断を、いとも簡単にやってしまう鈴木社長に企業のトップ像をみました。マーケティングや広告はトップの力を超えられないと感じました。2週間後、1755年津波で6万人が亡くなった街リスボンを背景に外国の少年ミゲル君が消臭力を歌い上げるCMを現地で撮影しました。さらには、そのCMに反応した西川貴教さんとファンの皆さんとツイッターでつながり、それがきっかけで、ミゲル君と西川貴教さんが共演するCMができます。これらのCMをみんな覚えてくれていますが、実は放送量はとても少ないものでした。

クリエイティブの力もありますが、そういった人たちとのつながりで応援をもらったことや、2000年代にトライ&エラーしていたソーシャルでの戦略PR手法の効果が大きかったです。結果、CM好感度調査（8月度）で日本1位になり、消臭力の売上も大きく伸びました。通常のマーケティング手法を超えて、企業理念だとかお客様との共鳴だとかの不思議な力で生まれた、私にとっては忘れられない事件となりました。

その翌年には被災地のいわき市で続編のCM撮影を決行しました。西川さんのライブにミゲルがサプライズで登場するドキュメンタリーなCMです。その時の忘れられないエピソードがあります。撮影直後に会場にいる3000人近くの人たちが、会場を去ろうとする私に「ありがとう」と手を振ってお見送りをしてくれたのです。いつもはテレビやネットの向こうにいて、私は想像するしかないお客様がリアルに目の前にいる、しかもクシャクシャの顔をして感謝の言葉をかけてくれています。

こういうお客様に直面するということはなかなか仕事ではないものです。調査票やネットでのコンバージョンといった数字というお客様だったり、会えたとしても、せいぜい店頭やグループインタビュー手法などで拝見するくらいです。長年マーケティングをやっていて、こんなに多くのお客様に「ありがとう」を言ってもらえたことに、当たり前だけど「本当にお客様っているんだな」と忘れている本質を思い出させてもらいました。

変わるもの、変わらないもの

時代は急激に変化しています。スマホの普及率は震災直前は10％に達していなかったものが、いまや80％を超えています。今までできなかったことができるようになっています。お客様の意識や行動も大きく変化して、マーケティングを超えてビジネスそのものも変わっています。

一方で、変わらないものがあります。人の心の奥にある「欲望や喜び」はどんな時代にも変わらないものだと思っています。変化する手法と変わらない人の心を結び続けることが今、求められているのだろうと新しいチャレンジをしています。

一般のお客様に呼びかけて、エステー特命宣伝部という組織に入部してもらっています。部員は相当数に上りました。彼らとはメールで情報交換し、私たちエステーのコミュニケーション活動をいっしょに遊んでもらっています。具体的には、商品や新ＣＭについて、ツイッターで公開会議をしてみたりオフ会を開催したりしています。過去の経緯もあってエンゲージメントはとても深いです。先日も新ＣＭについての意見をどんどん発表していただき、それが大きな発信力となって１８８０万以上のインプレッションとなり、拡散を引き起こしました。消臭力という単語がツイッターのトレンド入りしました。広告という形態をとらずに、ファンベースドマーケティングという手法でやっていますが、独自の展開をして、新たなトライをしていきたいと思っています。

エステーの鈴木は「エステーは世にないことをやる会社」という旗を振っています。だから、このあとも、世にないマーケティングをやり続けたいと思っています。

Essence of the voice

1. 人に人格があるように、企業にも人格がある。企業人格こそがブランドだ。

2. 新しいマーケティング手法を開発し実践することで、予算以上の効果を発揮できることもある。

3. 震災後の消臭力ＣＭは「企業人格」と「お客様の心の声」でできあがった。

4. 変わるものと変わらないものを結合させてマーケティングを追い続ける。

BtoB×BtoC デジタル×インサイトなど様々な経験と協働を通して自らを進化させていく

木村美代子

アスクル株式会社取締役BtoCカンパニーCOO
1988年プラス入社。93年創業メンバーとして、アスクル事業推進室に配属。99年アスクルの分社独立と同時に同社に入社。マーチャンダイジング、カタログ制作、Webマーケティングを担当。2009年個人向けeコマースのアスマル設立と同時に代表取締役社長に就任。その後、アスクルに戻り、以降個人向けeコマースLOHACO（ロハコ）事業に取り組む。16年CMO（チーフ・マーケティング・オフィサー）就任。現在取締役BtoCカンパニーCOO。

アスクルとロハコで学んだこと

私は「アスクル」でＢｔｏＢのビジネスを経験した後、現在はアスクルが手掛ける個人向けネット通販「ロハコ」でＢｔｏＣのビジネスに携わっています。

アスクルは「お客様のために進化する」という理念を掲げ、企業の間接材購買におけるビジネス・プラットフォームを目指しています。

ＢｔｏＢでは新商品を次々に試してみるというより、定番品を繰り返し注文されるケースが中心です。アスクルにはデザイン性の高いＰＢ商品もありますが、基本は安心して使い続けていただけるよう、コストと品質を重視しています。

一方、ロハコのターゲットは消費者であり、消費者と消費財メーカーを結ぶマーケティング・プラットフォームになることが目標です。

私はロハコの立ち上げから関わり、商品選びなどにおいては一人の生活者として、自分自身の「内なる声」を聞くことを心掛けてきました。

ロハコでもコストと品質は大事ですが、それより新製品や限定品といった付加価値が消費者から支持されるかどうかの鍵を握ります。

また、アスクルは年2回カタログを発行し、そのサイクルで回っているのに対し、ロハコの場合は日々、商品が入れ替わり、季節のイベントなどにも対応していかなければなりません。

アスクルとロハコの違いは他にもあります。アスクルがスタートしたとき、同じようなBtoBのサービスは他になく、新しいマーケットを切り開いてきました。それに対してロハコはすでに多くの競争相手が存在し、その中でどのようにロハコらしさを打ち出すか、どのような特徴をアピールするか、いまに続く課題です。

このようにBtoBとBtoCの両方を経験してきたことで、マーケターとしての幅が広がったように思います。

CBという新しい商品ジャンルへの挑戦

ロハコが今、すごく力を入れているのが働く女性向けのCB（コンシューマーブランド）です。消費財メーカーと一緒に2015年から毎年、「暮らしになじむLOHACO展（ロハコ展）」というイベントを行っており、そこに向けて開発した商品をロハコのCBと位置付けています。

中身から開発したものもあれば、NB（ナショナルブランド）のパッケージを変更しただけのものもありますが、共通するのは暮らしになじむデザインであることです。

消費財は店頭に並べられることを前提に本体やパッケージがデザインされています。しかし、ECであれば店頭を気にする必要はありません。店頭で目立つのではなく家の中でなじむデザイン、ナチュラルで使っていて気持ちがいいデザイン、そういった商品群を目指しています。

これまで約200点が生まれ、多くはロハコのサイトで販売中です。忙しいけれど丁寧に暮らしたいという女性を中心に支持を得て、ロハコならではのブランド価値になっています。

「ロハコっぽい」という言葉も生まれているようです。外部のデザイナーに聞いた話ですが、パッケージデザインなどの依頼を企業から受けるとき、「無印っぽく」といわれるのと並んで最近は「ロハコっぽく」といわれるそうです。

ただ、実際にCBをデザインするのは、各メーカーのインハウスデザイナーです。私たちからはロハコ展に向けて毎回、コンセプトを伝えるだけです。あとは各メーカーの判断でつくりあげてもらっており、そうしたある種の緩さも「ロハコっぽさ」につながっているのでしょう。

今回（2019年）のロハコ展では「サステナブル」をサブテーマに据えました。デザインだけでなく、環境問題や社会貢献への視点をプラスした新しい試みです。プラスチックを減らす、ゴミを減らす、分別しやすくする、原料から見直すなど7つのテーマを設定。大手メーカーを中心とした45社とともに開発した52点の新商品が誕生しました。

このようにデザインを中心に特定のテーマを決め、メーカーとともに自由な発想で商品を開発するCBの取り組みというのは日本初、ひょっとしたら世界初ではないかと自負しています。

デジタルとインサイトの関係

ロハコ展は、2014年から行っている「LOHACO　ECマーケティングラボ」の活動の一環です。これは、アスクルの本社内に設置されているネットワーク型の研究拠点で、参加企業は当初の12社から年々増え、いまでは１４３社にまでなっています。

同ラボでは、「データは社会に還元され、活用されるべきもの」という考え方をベースに、参加企業はロハコにおける各参加企業の商品販売や購入顧客などのビッグデータを閲覧できます（※）。

このビッグデータを分析することで、ユーザーの購買行動や嗜好・ライフスタイルを研究し、ニーズにあった効果的で効率的なＥＣマーケティングに取り組んでいます。

アスクルは早くから、テクノロジーとデータを重視してきた企業です。20年以上前から購買データをもとに、ユーザーのクラスター分類や併売パターン、スイッチングの分析などを行ってきました。いまご紹介したラボも、そうした取り組みの延長線上にあるものといえるでしょう。

もちろん、データ分析だけで十分とはいえません。販売データやレビューなどの分析から、社内で「何でもロハコさん」と呼んでいるコアなユーザー層を把握するところまではできますが、「何でもロハコさん」のインサイトを発見することは難しいのです。ご本人たちに聞いても、本当のところは分かりません。インサイトの発見というのは、小さなひらめきや気づきなのです。

※オープン化するデータには個人情報および個人を特定・再識別化できる情報は含まれず、サーバーは物理的に別に管理されている。

そこの部分は、私たちマーケターが「何でもロハコさん」の具体的な生活シーンを思い浮かべ、その場における思いや感情をイメージし、想像していくしかありません。

一応、30〜40代の働く女性をターゲットにしていますが、ペルソナにはそれほどこだわっていません。ロハコを始めて7年になり、40〜50代の「何でもロハコさん」も多くなってきています。

大事なことは、「何でもロハコさん」はいま、何に関心があり、どんな暮らしを心地よいと思い、そしてどういう自分になりたいのかを探っていくことです。

その結果として、私たちが提案する新しい商品を手に取ってもらい、「これが欲しかったんだ」といっていただくのが目標です。

自分を固定せずどんどん進化させていく

これからの時代、マーケターに必要なのは、自分の強みや自分らしさはしっかり持ちつつ、周りからいろいろなものを取り入れ、自分を進化させていくことです。

それには、自分を固定し過ぎないようにしなければなりません。マーケティングにおける方法論や価値観はマーケターによって様々です。「あれは違う」「こっちじゃないとだめ」などと決めつけず、むしろ意識的に柔軟でありたいと思っています。

私の場合、女性ということもあり、生活者視点が自分の強みだと思っていますが、十数年前、国内のビジネススクールで2年間、勉強する機会がありました。

そこで取り組んだのが、アスクルのデータを使ったプライベートブランドの研究でした。データを徹底的に分析し、顧客を俯瞰的に把握するというやり方はそこで身につけたものです。また、プライベートブランドには価格訴求型と付加価値型の2つのタイプがあるという論文をまとめ、その視点がロハコでのCBにつながっています。

いわゆるPBはこれまで、NBで一番売れているものをより安くというコンセプトでつくられていて、私たちもそういう取り組みしかできないと思い込んでいました。しかし、ロハコでCBに挑戦してみて、もっと違うプライベートブランドの商品開発ができることが分かりました。

これからの時代のマーケターに必要なこととしては、協力者との関係構築も挙げておきたいと思います。

CBを立ち上げる際、正直言うとロットがそれほど出ないので難しいと思い込んでいました。それでもあちこちお願いに行ったら、まず12社が快く応じてくださったのです。外部との協働によって、新しい価値を生み出す可能性がより広がっていくということは、ぜひ意識して欲しいです。

Essence of the voice

1. B to B と B to C のビジネスに関わり、両者の違いを経験できたことでマーケターとしての幅が広がった。

2. デザインを中心に特定のテーマを決め、メーカーとともに自由な発想で商品を開発するＣＢ（コンシューマーブランド）の取り組みは、日本初、世界初ではないかと自負している。

3. コアなユーザー層はデータ分析で把握できるが、その先はマーケターが具体的な生活シーンにおける思いや感情を想像していくしかない。

4. マーケターに必要なのは、自分の強みや自分らしさをしっかり持ちつつ、周りからいろいろなものを取り入れ、自分を進化させていくことである。

5. これからの時代、外部との協働によって新しい価値を生み出す可能性が広がっていく。

顧客との関係にこだわるのも人材育成にかかわるのもマーケティングの課題はすべて人間だから

清水俊明

株式会社ZOZO執行役員ホスピタリティ本部長

過去20年間以上にわたり、複数の事業会社でマーケティング全般に幅広く従事後、2010年にスタートトゥデイ（現ZOZO）入社。実務、学術双方から新しい顧客との関係性、サービスデザインのあり方に取り組んでいる。早稲田大学大学院商学研究科修了。早稲田大学データサイエンス研究所招聘研究員。千葉市学校教育審議会委員。

顧客にとって価値あるビジネスの創出

私にとってマーケティングとは、それがＢｔｏＣであれ、ＢｔｏＢであれ、プロダクトであれ、サービスであれ、顧客にとって価値あるビジネスを創出すること全てを指します。

機能的価値、情緒的価値を追求するのはもちろんのこと、ひいては社会的な価値を創出することに尽力することで、永続性が生まれてくると考えています。

そんな私が、長らく取り組んできたのがＣＲＭ（Customer Relationship Management）です。きっかけは、１９９０年代に入って景気が失速し、市場全体が縮小していく中、それまでのマス媒体を中心にした新規顧客獲得、売上向上が難しくなってきたことです。

当時は、インターネット前夜で、当然ＥＣも無い中で、各種データを分析し、顧客の特性に合った「１ ｔｏ １マーケティング」「データベース・マーケティング」を展開していましたが、仮説を立てたり、クリエイティブを工夫したりするのは、ダイレクトに結果が分かる分、非常にやりがいがあり、アイデアを出すのに没頭していた記憶があります。

その後も、データマイニングを駆使したり、クリエイティブをオンデマンドで可変させたり、とにかく、顧客を飽きさせない工夫をすることで、今で言うＣＰＡ、ＣＶＲ、ＬＴＶを高めることに挑戦していました。

大きな転機になったのは、その当時注目され始めていた海外のマーケティングソリューション・プロバイダーとの出会いです。

サービスデザインのフレームワークである「カスタマー・ジャーニー」を描いたときに、その顧客にとって重要なタッチポイントが見えてきます。その重要なタッチポイントにおける変化を捉え、そこから将来発生するであろうニーズを推測して、最適なチャネルから最適なタイミングでコミュニケーションします。すると、従来の画一的なマスコミュニケーションでは、ややもすると顧客にノイズ、スパムと捉えられていたものが、このような顧客の変化を起点としたコミュニケーションにすることで「親切だな、気が利いているな」と捉えてもらえます。実際に、従来のマスコミュニケーションよりも相当高いＣＶＲが期待できます。

ただし、すべてのコミュニケーションをＣＲＭだけでカバーするのは難しく、マスコミュニケーションとうまく組み合わせて、展開していきます。

これらは、今で言うＭＡ（Marketing Automation）の原型のようなもので、ビッグデータを高速に処理できるようになったＩＴの進化、モバイルを代表としたチャネルの多様化によって台頭してきた技術です。「これは、すごい時代になった」と感嘆したのですが、当時はまだまだ時期尚早でなかなか理解してもらえませんでした。

この背景には、かつてＣＲＭがトレンドになった時期にいち早く導入した企業の大半が思うように結果を出せず、その後のＣＲＭの推進に慎重になっていたことがあります。

ＣＲＭから独自のＣＦＭへ

90年代に日本に入ってきたＣＲＭは、いま述べたように２０００年代には失速します。「明確なミッションがないまま『ＣＲＭ』というトレンドワードに踊らされて導入してしまった」「マーケティング部門は積極的に活用したいのにＩＴ部門が効果に懐疑的だった」「ＣＲＭ部門だけの取り組みになってしまい経営からのコミットメントもなく、全社的な取り組みになっていない」「優良顧客の囲い込みにコストを取られ、新規顧客獲得がおろそかになってしまった」など、志を持ってＣＲＭを担当する様々な企業の担当者からたくさんの悩みが聞こえてきました。

そこで一旦立ち止まって、今一度CRMを導入する意義、効果について世界中のあらゆる事例、論文、文献に目を通し、レビューすることにしました。

分かってきたのは「顧客ロイヤルティ」の向上ばかりに必死になって「顧客満足」の向上がおろそかになっていることでした。すなわち、売上の大半を構成する優良顧客を特定し、その他の顧客も同様に育てるといった顧客のロイヤルティを無理やり高めていく戦略ありきで、まずは顧客の視点に立って、顧客満足度を高めるといった、ホスピタリティが欠けていたことです。

「本来、CRMは企業と顧客との関係性にフォーカスを当てるべきではなかったのか？」

そうした思いから、10年ほど前に当社へ来たとき「顧客一人一人の日々の行動や心の変化を見逃さず、その変化の裏側にある心のありようを想像し、一人一人に合ったZOZOTOWNならではの気配り、思いやりを創造しよう」というミッションを提案しました。

すると当時の経営陣が「それってお客さんと友達になるってことじゃない？」と言いだし、そこから当社独自のCFM（Customer Friendship Mangement）というコンセプトが誕生しました。

それから10年が経ち、この間様々な技術が登場しましたが、時代が変化してＩＴが進化しても古今東西、変わらない普遍的な価値観は何かを想像し続けることが、結果として我々のユニークな強みになっているのだと思います。

技術は時代とともに陳腐化しますが、数々の積み重ねから得られた知恵は、真理に近く、いつか理論となり、普遍的なものとして生き続けると考えています。

ＣＳ部門は顧客のコンシェルジュ

今までお話ししたように、私は社内でまずＣＲＭ（ＣＦＭ）を立ち上げ、その後、マーケティング本部とホスピタリティ本部を担当し、現在はホスピタリティ本部を見ています。ＥＣとリアルの垣根がなくなって、クロスオーバーしていく中、ＥＣにおいても顧客一人一人にあったＣＳのあり方を模索しています。

様々な業界で人手不足が深刻化していますが、ＣＳ業界においても例外ではありません。少ない人員でも運営できるようＡＩ、ＲＰＡといった最新のテクノロジーを活用しながら、顧客の潜在的なニーズに寄り添った対応を実現していくことを目指しています。

お陰さまで、ＨＤＩ（Help Desk Institute）というグローバルなＣＳ関連の協会から、日本のアパレル企業として初めて、２回連続で五つ星の認証を取得しました。

ＣＳ部門こそ顧客と素晴らしい時間を共有し、価値を提供するコンシェルジュであるというイメージを構築していきたいと考えています。

メタ認知にフォーカスした人材育成

私の長年のライフワークの一つとして教育分野があります。現部署では長期的なキャリアプラン形成のための人材育成にも注力しています。特に私自身は、中堅以上のベテラン層を対象に、視点を高く広くするためにインテグラル理論や成人発達理論をベースとしたコーチングやメタ認知の強化に力を注いでいます。

人材の成長には知識、スキルを習得するような「水平的な成長」と人間としての意識、器が広がっていくような「垂直的な成長」がありますが、成人発達理論では、成人してからの人間の心の成長には４つの段階があると考えます。

最初は、一人称で考える「自己中心」の段階です。一人称の発想の特徴は、周りにいる人を道具として、自分の手足として見てしまうことです。

次が他者の気持ちを想像できる「他者依存」の段階で、二人称で協調性やチームワークを考えられるようになります。ただ、協調性を重んじすぎると受動的な指示待ちになりやすく、オリジナリティーが生まれません。

第3の「自己主導」の段階になると、三人称で物事を考えられるようになります。自分なりの価値観と成功体験があり、自信を持ってプロジェクトをリードし、ドライブできます。ただ、多様な価値観を受け入れるにはまだ抵抗感があり、異論を挟まれると感情的に反発したりしがちです。

そこを越えるといよいよ第4の「自己変容、相互発達」の段階で、真のリーダーはこのレベルに達していることが求められます。自分なりの価値観や方法論を持ちつつ、他からのアイデアもうまく取り入れて、過去の成功体験をスクラップ・アンド・ビルドしつつ、柔軟に新しい価値を生み出していける。このレベルになると、広く社会に目を向け、自分や会社の問題だけでなく、社会全体にとっての影響をトータルで判断できるようになります。他人の成長にも貢献したいという欲求が出てきます。ただ、このレベルまで到達できる人は全体の5%くらいと言われています。

私自身、スタッフと一緒に取り組み、普段気付かなかった周りの思いが見えてきたり、視野が高く広くなったり、以前よりモチベーションのコントロールが容易になったと実感しています。心の成長はスキルの成長より時間がかかります。しかし、数年スパンで根気よく取り組めば少しずつレベルが上がり、組織の力量も高まると信じています。

将来的には部署の垣根を取り払い、働く場所も時間も自由で、メンバーが自由に自律的に動く組織になるのが理想です。そうなれば、マーケティングもＣＭＯがリードしていく必要はなくなるでしょう。ＣＥＯも、組織としての世界観を体現するような象徴的な存在になるのかもしれません。

いずれにしろ、私にとってのマーケティングは顧客との関係こそ原点であり、顧客の思いに心を寄せることを大切にしてきました。また、より高次元なマーケティングを展開するためには人としての心の成長が不可欠と考え、人材、組織が成長する仕組みづくりにも力を注いできました。これからの時代、いろいろな課題が起きても地球の市民としてグローバルレベルで手を取り合って解決していきたい。そのためには何よりも心の成長、相互理解、尊重、フレンドシップの精神が大切だと思います。結局、すべてを良くするのも悪くするのも人間であり、人間そのものがマーケティング、そして経営の課題なのです。

Essence of the voice

1. マーケティングとは、B to B であれ B to C であれ、プロダクトであれサービスであれ、顧客にとって価値あるビジネスを創出すること全てを指す。

2. CRM とは、顧客との関係に焦点を当て、顧客視点に立って一人一人の顧客とどのような関係を築きたいのか想像し、創造することである。

3. 時代が変化して IT が進化しても古今東西、変わらない普遍的な価値観は何かを想像し続けることが、結果としてユニークな強みになっている。

4. CS 部門こそ顧客と素晴らしい時間を共有し、価値を提供するコンシェルジュであるというイメージを構築していきたい。

5. すべては人間であり、人間そのものがマーケティング、そして経営の課題である。

マーケティングも経営も
マクロな変化を意識して
先読みの力を磨くことが欠かせない

寺田直行

カゴメ株式会社代表取締役社長

1955年島根県出身。78年早稲田大学商学部卒、カゴメ入社。営業、営業推進、食品・飲料マーケティングなどに従事。2004年営業推進部長。05年取締役執行役員。06年東京支社長。08年取締役常務執行役員コンシューマー事業本部長。10年取締役専務執行役員。13年代表取締役専務執行役員。14年代表取締役社長。

「野菜生活」のパッケージに込めた思い

私は入社して3年ほど大阪で営業を経験したあと10年にわたり、東京本社で主にトマトケチャップなど家庭用調味料の営業推進とマーケティングを担当しました。その後、また1年の大阪赴任を挟んで、今度は飲料の担当になりました。

当社の事業はもともと1899年（明治32年）、トマト栽培から始まり、すぐトマトケチャップやソースといった加工品を手掛け、トマトジュースも1933年（昭和8年）から販売しています。

日本の食品メーカーでは、調味料と飲料といった異なるカテゴリーを手掛けるのは珍しいとされます。これは原料がトマトであるからで、トマトを栽培し、それを調味料に加工し、そこからさらにトマトジュースが生まれたのです。原料から商品を発想するというのは、昔からの当社の伝統です。

とはいえ、トマトジュースの後は数十年間、これといった新商品がなかなか出ず、ようやく1973年、「野菜ジュース」によってトマトのミックスジュース飲料という新しい商品領域を開くことができました。

さらに清涼飲料やパスタなどへの多角化を図ったのですがうまくいかず、そこでもう一度、原料から発想しようとなって目をつけたのがニンジンでした。

ニンジンはすりおろすと甘く、ジュースに使うことにしたのです。1992年（平成4年）、「キャロット100」を発売し、期待の新商品ということでテレビCMなども大々的に打ちました。

ところが、期待したほど売れませんでした。当時はトマトジュースの売れ行きもよくありませんでした。その時ちょうど大阪から戻り、飲料部門の課長になったのです。

飲料部門で何か伸びそうな商品はないのか、いろいろ探す中で目を付けたのがニンジンとフルーツを混ぜたミックスジュースでした。実は、このタイプの商品を「キャロット100」シリーズとして翌年に発売したら、そこそこ売れたのです。生協の同じような商品が、子供向けに人気だという情報も入っていました。

そこで、ニンジンとフルーツのミックスジュースを、1995年（平成7年）にリニューアルしたのが「野菜生活100」です。

ただ、当初は日本人の野菜不足を改善しようという思いが強すぎて、パッケージは「野菜生活」のロゴが上の方に小さくあるだけ。野菜の栄養分がどれくらい摂れるのかといった説明が長々と載っていました。

私自身は「野菜生活」というネーミングが、今でいう〝モノからコトへ〟というメッセージを含んでいて、すごく可能性があると思っていたので、上司や開発部門の担当者を巻き込み、パッケージのモデルチェンジに取り組むことにしました。

1000万円ほど予算を確保し、パッケージデザイン会社と組んで、業界でも有名な一流デザイナーに新しくデザインを依頼。ブランドに込める思いなどを繰り返し伝え、意図にぴったりのものができあがり、いまもほとんど変わっていません。

また、野菜飲料は一般の清涼飲料と比べると原価率が非常に高く、清涼飲料型のパワーマーケティングはなじみません。最初は爆発的なスコアではなくても、じわじわと売れ、着実に伸びていくのが理想です。CMのつくり方、打ち方もそれに合うよう設計しました。

このようにパッケージの見直しから広告設計まで「野菜生活100」のマーケティング全般を手掛け、ヒット商品に育てたことは、自分自身のキャリアの中でも一番記憶に残る経験です。今では、野菜生活ブランドを季節限定商品やスムージーに拡張し、年間売上400億円を超える当社を代表する看板商品になりました。

10年後の環境変化から中長期の課題を考える

私は2014年から社長を務め、今日までやれてこられたのはマーケティングに携わっていたからだと思います。私はマーケティングと営業しか経験していませんが、マーケティングと経営は非常に似ているのです。

時代認識を磨き、時代のニーズに敏感でないと良い商品はつくれませんし、企業経営も同じで、成長を続けることはできません。マーケティングの発想を、より広い領域に応用したのが経営と言えるのではないでしょうか。

株主総会や決算説明会などでの社長に対する質問は、ほとんどが事業戦略と商品のことです。それについて自分の言葉でしっかり語れるのは、やはりマーケティングを長年、経験してきたからこそだと感じます。

実は、社長に就任した2014年（平成26年）から2年は、こんな低収益ではどうしようもないというくらい業績が悪かった時期でした。

そこで私はまず、足元を固めるため、収益構造改革と働き方改革の2つに取り組みました。一定の収益ラインをクリアするためムダ・ムリ・ムラをなくし、コストを見直し、商品の統廃合やバリューアップなども図りました。しかし、こうした足元の改革だけでは社員も疲弊してきます。

改革の先に何があるのかを示すビジョンがやはり必要です。ビジョンをつくるため自社の強みと弱みを自分なりにもう一度整理したところ、見えてきたのが世の中の変化に疎いという会社の体質でした。

１２０年も続いている会社なのでどこかのんびりしたところがあり、自分たちは良いものをつくっているのだから大丈夫という慢心もあった。これが業績悪化の最大の原因だったのです。

こうした体質を変えるには、現状の延長線上で考えてもだめです。そこで10年後の経営環境を予測してみることにしました。日本と世界の人口動態に始まり、社会・流通・消費構造の変化、ＩＴの普及、農業の問題など幅広く調べました。

こうして２０１５年（平成27年）、当社としての「10年後の環境予測」をまとめ、深刻化する国内外の社会問題のうち、特に取り組むべきテーマを「健康寿命の延伸」「農業振興・地方創生」「世界の食糧問題」の３つに定めました。

そして、当社のありたい姿を「食を通じて社会課題の解決に取り組み、持続的に成長できる強い企業になる」と定義しました。10年後の環境予測をしたら、自然に10年後の会社の姿が浮かんできたのです。

さらに、そうなるためにはトマトの会社のままではだめだということで、トマトを捨てるのかという声もありましたが、長期ビジョンを『「トマトの会社」から、「野菜の会社」に』としました。

「野菜の会社」のところは〝へ〟ではなく〝に〟です。〝へ〟というのは方向を示すだけなのに対し、〝に〟にはそうなるんだという意思が強く感じられます。野菜の会社になるということで、健康市場のど真ん中のポジションを狙おうとも考えました。

基本的にこれらはすべて、社長である私が自分で考えました。トップが自分で悩み、深く考え抜いて、一つ一つの言葉にこだわってまとめたのも良かったと思っています。

経営もマーケティングも時代認識こそ重要

私の経営における持論は、この先から発想するということです。経営とは時代認識だといっても過言ではありません。マーケティングもそうです。一人一人のニーズより時代のニーズのほうが大事であり、私はマクロを重視しています。10年後の環境変化からビジョンを設定したのもそうです。

それに、マクロな変化を意識していると、先読みの力がついてきます。大きな変化を踏まえていると、世の中で起きている事象の背景を理解しやすく、ある事象と別の事象がつながっているということも俯瞰して読み取れます。

例えば、コンビニの24時間営業の問題が起きたとき、「なぜこういうことが起きたのか」「今後、これはどういう方向へ進んでいくのか」「それに対して我が社はどうすればいいのか」と自然に考えられます。一種の推理であり、私は楽しみながらやっています。

経営もマーケティングも、変化が起きてから行動を始め、後手に回っているようではだめです。先取りして早め早めに準備ができるかどうかが、持続的に成長できる企業になり、またヒット商品を生み出すための近道なのだと思います。

最近では、農の未来、食の未来、地域の未来を先取りする取り組みとして、長野県富士見町に「カゴメ野菜生活ファーム富士見」という観光施設をオープンしました。

富士見町には50年ほど前から野菜飲料工場がありましたが、周辺の耕作放棄地などを活用して9ヘクタールの菜園を新たに設け、生鮮用トマトや高原野菜を栽培しています。「カゴメ野菜生活ファーム富士見」は、工場や菜園と連携し、農作業や収穫体験、調理体験、工場見学などができるほか、八ヶ岳を望むレストランでは旬の食材を使った料理を味わえる、野菜のテーマパークです。

これらは、より多くの方にカゴメのファンになっていただくPR拠点であるのはもちろん、農業や観光を通して地域に貢献するためのチャレンジでもあります。菜園を運営しているのは当社と現地の農家の方々が共同出資した農業法人ですし、野菜生活ファームの現地スタッフとして地元の方も頑張ってイキイキと働いていただいています。

我々が「野菜生活」に込めた思い、長期ビジョンで掲げた「野菜の会社」とはどういうものなのか、イメージだけではなく具体的に体験していただけるのではないかと考えています。

Essence of the voice

1. 課長時代、「野菜生活」のネーミングに“モノからコトへ”というメッセージ性を感じ、パッケージのモデルチェンジに取り組んだことがヒットにつながった。

2. マーケティングの発想をより広い範囲に応用したのが企業経営にほかならない。

3. 時代認識を磨き、時代のニーズに敏感でないと良い商品はつくれないし、良い経営もできない。

4. 経営においてもマーケティングにおいても、個々のニーズより時代のニーズが圧倒的に大事である。

5. マクロの変化を意識していると、先読みの力がついてくる。

マーケターとして今あるのは
ブランドと顧客の関係性を
アナロジーで表現することを
学んだから

富永朋信

株式会社プリファード・ネットワークス執行役員ＣＭＯ

１９６８年静岡県出身。92年早稲田大学法学部卒、日本コダック入社。以来、日本コカ・コーラ、西友、ドミノ・ピザジャパン、イトーヨーカ堂などでマーケティング関連職務を経験。うち、ソラーレホテルズアンドリゾーツ、西友、ドミノ・ピザジャパンでＣＭＯを務める。現職の傍らイトーヨーカ堂など数社の顧問、厚生労働省年金局広報アドバイザー、内閣府政府広報室アドバイザー、日経クロストレンドアドバイザリーボード、一般社団法人マーケターキャリア協会理事、駒沢大学非常勤講師などを務める。著書に「デジタル時代の基礎知識　商品企画」（翔泳社）。

三度目の正直でコカ・コーラへ

私は就職にあたってマーケティングに興味があり、最初は外資系フィルムメーカーの日本コダックに入社しました。同社ではレントゲン事業部に配属され、主に病院向けのレントゲン撮影資材を担当していました。

医療業界というBtoB、かつレギュレーションの制約が大きな仕事でしたが、ここでレントゲン技師（診療放射線技師）や放射線科医などの顧客がブランドをどうやって知り、どういう心理を経て購買に至るのか、そして満足を感じるのか、そのプロセスを常に考える習慣を身につけることができました。

コダックには6年いた後、シリコンバレーから日本に進出してきたIT系ベンチャーを経て、31歳で日本コカ・コーラに移りました。

実は、コカ・コーラは新卒のときから希望の会社で、三度目の正直での途中入社でした。

コカ・コーラで最も重要な経験だったのは、ブランドとユーザーの関係性をアナロジーで表現することを学んだことです。

マーケティングにおける「コンセプト」という言葉はマーケターの数だけ定義があり、非常に曖昧にされている概念ですが、私にとって「コンセプト」とはブランドとユーザーの関係性のアナロジーのことであり、いまなおマーケターとして変わらぬ指針となっています。

「チャリーン、ゴトーンのアナロジーで」

そのことを学んだのは、ドコモが力を入れていたｉモード（世界初の携帯電話インターネット接続サービス）とコカ・コーラの自販機を組み合わせて新しいサービスを立ち上げるプロジェクトにおいてでした。

コカ・コーラは、ブランドと全国各地にある約１００万台の自動販売機網という２つの強みを持っていたのですが、このうち後者の自販機が、当時スーパーやコンビニに押されてじり貧になってきていました。

そこで当時、登場したばかりのｉモードをマーケティングやサービスに活用できないかということになったのです。

ｉモードと自販機を連携させるためには何かしらの認証手段が必要であり、当時の携帯電話では通信方法や容量が非常に限られる中、携帯画面に表示されるＱＲコードでユーザ認証を行うという方法を採用しました。これは、ＱＲコードによる世界初の商用利用プロジェクトでした。

この話はコカ・コーラ側にとっては単に自販機と携帯電話を融合すればよいということではなく、町の中でありふれた存在であり、風景の一部になってしまった自販機にもう一度、新しい魅力を加えたいという狙いがありました。

そのため、新しいシステムを開発するとともに、自販機本体のデザインを一新することになり、著名ゲームクリエイターであった故飯野賢治さんをデザイナーとして起用したのです。

そのオリエンテーションの場で、当時の上司が口にしたのが、「この自販機はチャリーン、ゴトーンのアナロジーで考えてください」というひと言でした。

彼はこの言葉を通じて、「このデザインは携帯電話からの発想ではだめだ」ということを含むこちら側の意図を、このアナロジーを通じて、文字通りひと言で的確に伝えたのです。

私が子供の頃、自販機で買い物をすると、機械を操作する感覚や、子供にとっては大人びた飲料であったコカ・コーラを買う感覚がとても楽しく、高揚感を感じました。

上司はあの頃の自販機に確かにあった魅力を、現代に蘇らせることがこの仕事の要諦であると喝破していたのかもしれません。

いずれにしろブランドとユーザーの関係性のアナロジーがいかに重要か。そのことを学んだことで、マーケターとしての今の私があるといっても過言ではありません。

「2・5枚目の番頭」から生まれた「ど生鮮」や「サゲリク」

それ以来、私は商品やサービスを開発するとき、コンセプトを関係性のアナロジーで考えることを習慣にしています。そうやって考えると、思考プロセスが速くなり、また業務を効率的に進めることができるのです。

西友に移ってマーケティングを担当したときは、西友のコミュニケーション上のパーソナリティーを「2・5枚目の番頭」と決めました。これは西友と消費者の関係のアナロジーです。社内でオーソライズされたものではありませんでしたが、このコンセプトをマーケティング部門や広告代理店と徹底的に共有しました。

西友のマーケティングチームは社内外を合わせると非常に大きい組織であり、いろいろなクリエイターやプランナーがいます。「2・5枚目の番頭」はその人たちに1本の串を通す非常に強い礎になったのです。

そこから生まれたのが、生鮮野菜が気に入らなかったら返金しますという「ど生鮮」、お客様に投票してもらって100票集めた商品は値下げしますという「サゲリク」などのキャンペーンでした。

普通の端正なスーパーであれば、絶対こういうキャンペーンはやらないでしょう。でも、西友は「2・5枚目の番頭」なのです。だからこそ、そういう面白いことをどんどん考えてやるのです。

プロマーケターを名乗る理由

1、2年ほど前から私は、プロマーケターという肩書を意識的に使っています。
ひとつのきっかけは、マーケターキャリア協会という一般社団法人の立ち上げに関わり、理事に就任したことです。その中で、マーケターの価値とかマーケターのキャリアを考えるようになりました。

一般的に、CMOやマーケティング本部長をやったら、その後のキャリアとしては社長になるかならないかしかない、という風潮があるように感じます。しかし、それでは何かちょっとつまらない。

マーケティングに直接触れていることによる独特な、ヒリヒリとした緊張感にはどこかしら気持ちよさがあります。その感覚を持ちながら、自分のキャリアと収入の幅を広げていくロールモデルがあってもいいのではないか。そこで微力ながらそれを示したく、プロマーケターと名乗っているのです。

さらに個人的には、自分の娘たちが将来、父親のことをどこどこの会社に勤めていたといったふうに言ってほしくないと思っています。うちの父はマーケティングが大好きで、マーケティングに命を懸けて、マーケティングを愛して死んでいったんだよね、と言ってほしい。

そう言ってもらえるようにするためには、自分が面白いと思うことには迷わず飛びつき、話題をつくったり成果を出したりするということをこれからも意識的に続けていきたいと思っています。

仮説をつくり行動できる人がマーケター

私が考えるマーケターとは、ビジネスにおいて仮説思考ができ、それをアクションにつなげられる人です。どんな環境、どんなポジションにあっても、自分の持っている知識とスキル、教養、経験などを総動員し、組織の課題を読み解き、言語化し、アクションとして提案するのです。

マーケティングが対象とするのは、人の認知変容、態度変容、行動変容に関わること全てです。ですから、直接対人業務を通じてこれらを実践している優秀な営業担当者はマーケターと言っていいと思います。魅力的な製品を開発する人もマーケターですし、それを的確なコミュニケーションで顧客に伝えられる人もマーケターです。対面サービスでお客様を感動させるお店や施設のスタッフも、マーケターといっていいでしょう。

そういうマーケターには何より、人間のネイチャーの理解が不可欠です。これがないと絶対にだめです。仮説をつくれません。筋の良い仮説をつくるためには「もしこうしたら相手はどう反応するだろうか」ということを妄想し、それをもとに人の反応・行動をシミュレーションすることが不可欠なのです。

人間のネイチャーの理解というと難解な印象ですが、決してそんなことはありません。人間関係を楽しみ、人間関係に苦しみ、恋をし、子供を育て、同僚と仲よくなり、ときには喧嘩をする。人として手を抜かずに社会生活を送ることがベースです。その上で、いろいろな人に感情移入し、いろいろな人の立場で考えるトレーニングをしてみる。

人間理解と感情移入ができれば、必ず人に響くアイデアを生み出せますし、それらのアイデアを通じて人に響く仕事ができるのではないかと思います。

Essence of the voice

1. マーケティングにおける「コンセプト」とは、ブランドとユーザーの関係性のアナロジーである。

2. そのようにつくられたコンセプトは、その後の製品・サービス開発やコミュニケーション開発の礎となる。

3. 人間理解を進めることにより、事実・インパクト・仮説の橋渡しがスムーズになる。

4. 組織のピラミッドをのぼる以外のキャリアロールモデルを提示すべく、プロマーケターを名乗っている。

5. 人間理解と感情移入ができれば、必ず人に響くアイデアを生み出し、人に響く仕事ができる。

たった一人の顧客への徹底的な興味と執着こそマーケティングの原点

西口一希

株式会社 Strategy Partners 代表取締役

大阪大学経済学部卒、P&G入社。ブランドマネージャー、マーケティングディレクターを歴任。２００６年ロート製薬に入社。執行役員マーケティング本部長としてスキンケア、医薬品、目薬など60以上のブランドを担当。15年ロクシタンジャポン代表取締役。16年にロクシタングループ過去最高利益達成に貢献し、アジア人初のグローバル エグゼクティブ コミッティ メンバーに選出、その後ロクシタン社外取締役 戦略顧問。17年にスマートニュースにマーケティング担当 執行役員として参画し、日本と米国の同時急成長を達成。19年8月に企業評価金額が10億ドルを超えるユニコーン企業にまで急成長させる。同年9月スマートニュースを退社し戦略顧問に就任。Strategy Partners の代表取締役および Marketing Force の共同創業者としてビジネスコンサルタント、投資、スタートアップインキュベーション、マーケティング戦略立案事業に従事している。著書に『たった一人の分析から事業は成長する 実践顧客起点マーケティング』(翔泳社)。

「最適化」と「需要創造」を混同してはいけない

私は長年、商品をつくるメーカー側の業界で仕事をしてきました。P&G時代には、消費財のブランドマーケティングだけでなく、日本に「ショッパーマーケティング」の概念を導入して小売各社と協業し、ＥＣＲ（Efficient Consumer Response）の導入に携わり、ロクシタン時代にはメーカーと小売の両方を経験させていただきました。

振り返ると、日本ではつくり手（メーカー）、売り手（小売）と買い手（消費者）のギャップがどんどん拡大している気がします。私は「最適化」と「需要創造」がマーケティングにおける２大命題だと考えているのですが、これらが混同されたり、一方に偏ったりしているのが大きな問題です。例えば、日本ではＥＣＲによって無駄を省こうとしているものの、需要創造についての意識が欠けています。

「最適化」とは、商品やサービスを本当に喜んでもらえる人に届けることです。そのためにはつくる側、売る側のコミュニケーションと消費者側の体験の両方が必要であり、それをうまくマッチングさせるところにマーケティングの役割があります。

しかし、世の中にある商品やサービスが、本当に喜んでもらえる消費者に届いている割合は、感覚的には2割程度ではないでしょうか。8割くらいの機会損失がある状態です。なぜなら、メディアの使い方からクリエイティブの評価、顧客の体験設計まで、「最適化」については論理的なアプローチが可能なのに、十分実践されていないからです。

販売に苦戦しているケースで私がまず聞くのは、「シェア100%になったときの顧客数はどれくらいか？」ということ。しかし、ほとんど答えられません。自社の商品やサービスが喜びを与えられる可能性のある顧客の数が、見えていないのです。難しいことではありません。顧客ターゲットを決めて量的コンセプト調査をすれば分かります。完璧ではありませんが、100人しか反応しないのか、10万人なのか、100万人なのかぐらいは見えます。数千人だけだということならやめたほうがいいかもしれない。その数千人に10倍の値段で売れるならビジネスになるかもしれない。それを確認した上で、どのメディアを使いどう紹介するのか、どういうきっかけで体験してもらえばいいのか、組み立てていく。非常にロジカルです。

一方、「需要創造」とはまさに、世にない商品やサービスを生み出すことです。

私はロート製薬に移籍した後、何度も新商品の開発に関わり、消費者自身も意識していなかった需要をつくり出す醍醐味を経験しました。年間それこそ100を超えるブランドや新商品に関わり、失敗もたくさんしました。オーナーの山田邦雄会長（当時）が全てチェックし、面白くないものは面白くないと全否定される。山田さんは顧客の驚き、感動ということを重視される方ですが、その前に世の中のトレンドについて圧倒的に勉強されていますし、読書家でもあり、大変ロジカルです。直感的に新しいものを生み出しているように見えますが、実は徹底的に考え抜いた結果なのです。

マーケティングの世界では、感性がどうのこうのと語る人がいますが、生まれつき感性がいい人に私は会ったことがありません。むしろ、感性とは鍛えるものではないでしょうか。データや事実をもとに論理を積み上げ、あらゆる角度から検討を重ねていく。すると、これまでつながっていなかった一見、関連性のない複数の点がつながって、線となり面となり立体となって非連続的なアイデアに〝飛んで〟、それが成功につながるのです。

10人のうち一人が「絶対欲しい」と言ってもらえれば大丈夫

スタートは、目の前の顧客に何をしてあげたら喜んでもらえるのか、です。マーケティングの原点にあるのは、たった一人の顧客を１００％満足させる価値をどうやって生み出すか、それだけです。一人の顧客を１００％満足させる価値を生み出すには、想像力が欠かせません。歯磨きしなくもていいウガイ薬ができたらどうだろう、頭に浮かんだものが注文しなくても届いたらどうだろう…。「まだ誰も欲しいと言っていないけど、あったらいいな」ということを考えるのは、妄想に近いかもしれません。

こうした妄想は、顧客理解を徹底的に深めるしかありません。顔の見える名前のある具体的な個人を理解し、その心の中を想像し、その本人以上に理解しようと努める。そこから見えてきたアイデアを何とかものにしようとスイッチが入れば、反対意見があっても突っ切れます。10人に話をして9人が反対しても、一人が「絶対欲しい」と言ってもらえるなら、まず大丈夫です。そこから逆算してプロダクトをつくったり、コミュニケーションを設計していけばいいのです。ゼロ・トゥ・ワンとなる需要創造のためには、マクロな数字での論理的分析なんていりません。具体的な個人の顧客理解の結果として、それがどれぐらいの市場になるかが見えてくるのです。一人ひとりの顧客の集まりが市場であり、市場の本質は個々の顧客にしかありません。

社内会議などで最初から「これ、どれくらい売れるの？」というのは禁句です。このセリフが最初に出ると、関係者の心が顧客からどんどん離れていきます。経営視点とか組織とか方法論といったところから入ると、大体うまくいきません。

こうして「アイデア」をコンセプト文章やプロトタイプなどの形にしたら、もう一度、データ分析と論理に戻ります。どれくらいの人数がそれを欲しいと言ってくれるか定量調査をして数値化、可視化するのです。ところが、この検証をやっていないマーケターが多い。そのため経営者にとってマーケティングは怪しげなギャンブルに見えるのです。ゼロ・トゥ・ワンや需要創造には調査は要らないという方も多いですが、アイデアが具体化できれば調査は組織の意思決定を大きく後押ししてくれます。使い方次第です。

社内ローテーションからマーケターは生まれない

そもそも、マーケターとして成功している人は、いま言ったように圧倒的に好奇心にあふれていて、顧客を喜ばせたいという執着心が強いものです。絶対にこの商品、このサービスをこのお客様に買ってもらいたい。それにはどうしたらいいのか考え、行動する。しかも、そのお客様は往々にして自分だったりする。それが優秀なマーケターの条件です。

優秀な営業マンが、実はマーケターだったりします。ロクシタンにいたとき、一番頼りになったのは現場で結果を出し続けている店長や販売員でした。彼女たちは現場での圧倒的にリアルな知識と顧客感覚を持っています。マーケティング部門が理論やデータで組み立てた施策が、彼女たちから総スカンを食らうことがあり、実際にやってみると彼女たちの判断が正しかったりする。毎日、顧客と接し、顧客のことを誰よりも深く知ろうとしているから、そういう判断ができるし、実際、素晴らしい販売実績を出し続けているのです。

「現場に答えがある」ということはよく言われますが、ただ現場に行けばいいのではなく、顧客を身近に感じ、理解することが重要なのです。ロクシタンでのマーケティングの起点は、店舗であり、店長、店のスタッフの知見だったのです。

ところが、そうした理解を吸い上げて経営やマーケティングに生かす仕組みができていない企業が結構、多い。経営層やマーケター自身に、顧客の理解こそが需要創造、価値創造の源泉であるという認識が希薄なのではないでしょうか。

一方で、顧客を取り囲む環境はデジタル技術やツールの進化でますます複雑化し、分化し、マクロでは見えなくなってきています。そのような変化の中で、ビジネスの最前線でマーケターに求められる能力やスキルは日々上がっています。数十人規模までの企業ならトップがマーケターだったりすることはありえますが、会社の規模が大きくなる中で、社内ジョブローテーションで育てるのは難しくなっていると思います。

では、次の世代のマーケターはどうなるのか。総合的にマーケティング戦略を構築できるCMO能力と一部のスキルに特化した専門マーケターに分化し、全体としてプロ化に向かうと思います。プロ化したマーケターは、企業からストックオプションやレベニューシェアなどの大きなインセンティブを得て、プロジェクト単位・タスク単位で契約します。1～2年で圧倒的なパフォーマンスを出すことを期待され、報酬はプロのスポーツ選手並みに高く、しかし結果が出なければ首が飛ぶし、次の契約は来ないかもしれない。このような厳しい環境で結果を出すために日々、自己研鑽し、全力で仕事に向き合うのです。

「フリクション・ゼロ」時代のマーケティング

よく言われることですが、いまはＩＴでビジネスや社会が劇的に変わるデジタルトランスフォーメーションの時代です。商品やサービスを買ったり、使ったりする顧客の行動はかなり可視化できるようになりました。

しかし、なぜそういう行動をとるのかという心理面は、なかなか解明できていません。行動には必ず心理的な変化が伴っているはずなのですが、その心理的変化は本人が意識しているものもあれば、気づいていないものもある。マーケティングが解決すべき領域はまだ残っており、それは「最適化」だけではなく「需要創造」につながるところです。

消費者の意識していない心理変化ということで、私が一番興味があるのはフリクション（摩擦）をゼロにすることです。フリクションとは物理的な距離や時間、労力を指し、これを減らすことができれば多くの人は喜ぶはずです。

マーケティングもこれまで、物理的なフリクションをベースにした世界で構築されてきました。しかし、いまはデジタルによって時間と空間の摩擦をゼロにしていく流れが生まれ、従来のやり方とぶつかりあう状況になっています。

私は将来、「フリクション・ゼロ」や「シンギュラリティ」の世界が実現すると信じているほうで、そこから逆算すると多くの人が気づいていないいろいろなニーズが見えてきます。そこにこそ、新しいマーケティングの可能性があるのではないでしょうか。

Essence of the voice

1. 「最適化」と「需要創造」がマーケティングの２大命題だが、両者が混同されている。

2. マーケティングの原点にあるのは、一人の顧客を100%満足させる価値をどうやって生み出すかである。

3. 社内会議などで最初から「これ、どれぐらい売れるの？」というのは禁句。関係者の心が顧客からどんどん離れていく。

4. 「現場に答えがある」とよく言われるが、ただ現場に行けばいいのではなく、顧客を身近に感じ、理解することが重要である。

5. 今後、物理的な距離や時間、労力といったフリクション（摩擦）のない世界が実現し、そこに新しいマーケティングの可能性がある。

好奇心と思考実験、そして“つながり”を大切に歩んできた私のマーケティング人生

平野健二

株式会社サンキュードラッグ代表取締役社長兼ＣＥＯ／Segment of One & Only 株式会社代表取締役社長

１９５９年北九州市出身。82年一橋大学商学部卒。サンフランシスコ州立大学経営大学院にて、マーケティングを専攻し、ＭＢＡ取得。86年にサンキュードラッグ入社、２００３年に代表取締役社長就任。12年には、Segment of One & Only 株式会社の代表取締役社長に就任。15年、スイスのジュネーブに国際本部を置き、世界各地の支部でマーケティング活動の支援・交流を行うＭＣＥＩ（Marketing Communications Executives International）の Executive of the Year ２０１４-15を受賞。16年からは九州大学客員教授も務める。

28歳で訪れた人生の分岐点

私は大学卒業後、サンフランシスコ州立大学でMBAを取得し、そのまま両親が創業したサンキュードラッグに入社しました。私が入社した時の店舗は、10坪前後の小さな薬店が7店と調剤薬局3店でした。他に大赤字のフード部門があり、全体として利益はゼロ。なんとかこれを大きくしたいと思っていました。

転機が訪れたのは28歳のときのことです。ドラッグストア業界のアメリカ研修旅行で講師を要請されたのです。

この研修旅行は、ドラッグストアの神様と言われていたハックイシダの石田健二社長(当時)が講師をされていて、石田さんの話を聞きたいという経営者が全国から参加していました。ところがその年、現地ではバス1台の予定だったのが2台分の参加者が集まってしまったのです。

現地では移動中も石田さんの話が聞けるというのが人気の理由のひとつだったので、2台目のバスの講師をどうするかが問題になりました。そのとき、「平野という若造がアメリカに留学していたらしい」ということで、私にオファーが来たのです。11日間のツアーで、2時間セミナーを4回とバスで毎日7時間、アメリカの流通業界などの話をしてくれというのです。

参加者はみなさん年商100億円レベルのドラッグストア経営者ばかり。しかも、参加者の中で私が最年少でした。

さあ、どうする。

私は引き受けることにしました。とにかく引き受け、それから勉強すればいいと考えたのです。さっそく資料を集め、分厚いファイル4冊を持ってバスに乗り込み、11日間を乗り切りました。

なんとか終わってほっとしていたとき、何人かの参加者から「平野君、よく頑張ったな。そりゃ石田さんの話は聞きたかったけど、君は工夫してたよね。こっちに住んでたからどんなときにこの店を使うかとか、そんなことは石田さんから聞いたことはなかった。それはそれで参考になった。ありがとう」と褒めていただいたのです。

さらに、「君のところ、ドラッグストアはこれからだよね。何でも教えてあげるから、遊びにおいで」ともおっしゃっていただきました。帰国後はドラッグストアの先輩経営者のところに出入り自由。人脈が広がり、いろいろなことを教えていただきました。

実は同じ年、同じような出来事がもうひとつありました。北九州市の商工会議所が、独占禁止法のガイドライン施行に合わせ、独禁法の勉強会をすることになりました。そこでなぜかまた、「アメリカのビジネススクールで独禁法の勉強したやつがいる」という話がどこからか流れ、私に講義をしてくれという話が来たのです。

アメリカでは2コマ講義を受けただけだったのですが、これも引き受けることにしました。当日、会場に行くと参加者は大手企業の法務部門の関係者ばかり。さらには公正取引委員会の所長まで来ているではありませんか。

足が震えましたが、アメリカでなぜ独禁法ができたのか、歴史的な経緯から分かりやすく説明したところ、後で所長から「私は法律の運用はしていたけど、そもそもどういう精神でこの法律ができたかというのは今、初めて知りました。ありがとう」と言われて、恐縮しました。

こうした経験から、チャレンジの機会が目の前に現れたら、恐れずに飛び込み、必死にやってみるときっと何とかなるし、Walgreensの社長・副社長やワシントン大学の教授など驚くような人脈の形成にもつながり、自分の世界がどんどん広がっていくことを体感しました。

中小小売業の市場創造とデジタル活用

いま、中小の小売業がコモディティに代表される顕在需要だけ追いかけていたのでは間違いなく価格競争に巻き込まれてしまい、とても大手に太刀打ちすることはできません。勝機があるとすれば、お客様自身が気づいていない価値を提示し、潜在需要を掘り起こし、新しい市場を創造することです。

それには、さほど市場規模が多いわけでもなく、むしろ人口減少と高齢化が進んでいる地方都市という市場環境を強みに変える発想が必要です。

例えば、高齢者は自宅の近くにしか出かけなくなるので、エリアを絞って高密度で出店すれば強みになります。歩いて行ける範囲に人が一定密度で住んでいるエリアは、中小の小売業にこそ適しているのです。わざわざ大都市や郊外の幹線道路沿いなど、巨艦店がノーガードで殴り合うようなところに出ていく必要はありません。

こうして当社は現在、北九州市近郊と下関市を中心にドラッグストアと調剤薬局が73店舗、年商230億円を超えるまでになりました。店舗は基本的に半径500mごとにあり、スーパー並みの食品を揃えるほか、つえや手押しカートなど高齢者向けの商品が豊富に並びます。また、管理栄養士が常駐してお客様の食事や運動をサポート、さらに敷地内にクリニックも誘致しています。

こういう話をするとよく、「ピンチをチャンスに変えたんですね」と言われますが、私はこの言葉が大嫌いです。ピンチはピンチでしかありません。ただ、目をこらすとピンチ（変化）の中にもチャンスがどこかにあるのです。それをどうやって見つけるのか、そのチャンスに乗るために自社をどう変えるのか、そんなことをいつも考えています。

こうした取り組みを進める上で有力な手法が、ID-POSを使ったデジタルマーケティングです。デジタルであれば実験的な施策を簡単かつローコストでできます。特に、同じ環境で複数のパターンを用意し、結果をすぐ比較できるのが強みです。あるいは、年代別や購買履歴別、併売関係などをデータ分析することで、お客様自身が気づいていない思考や行動を予測することができたりします。

以前、「あせワキパット」という商品について併売分析をしてみたところ、おしゃれ着用洗剤が断然トップに出てきました。夏の女性用衣類は高級品ほど布地が薄い傾向があります。薄い布地を傷めたくないという気持ちが、おしゃれ着用洗剤とあせワキパットの両方を買う動機になっているのではないか。そこで、おしゃれ着用洗剤の横にあせワキパットをぶら下げ、「あなたの大切な衣類を守りましょう」とポップをつけたら、売上が70％ほど上がりました。

私自身、昔からいつも自分が何かを買ったとき、「なぜ自分はこれを買ったんだろう」と意識過剰なくらい考えるようにしています。自分自身の日々の行動に関心を持てる人ほど、消費者のインサイトが身についてくるのではないでしょうか。

これからマーケティングで活躍をしたい人に向けて

これからマーケティング分野で活躍したいと思っている若いみなさんにいくつか私なりのアドバイスを贈ります。

まずマーケターにとって、好奇心はなくてはならないものです。本を読んだりするのもよいのですが、まずは何であれ自分で体験してみることです。

私はいまでも、インスタグラムがはやっていると聞けば自分で使ってみます。ティックトックも試してみましたが、正直いうとよく分からない。でも、いいのです。何はともあれ体験してみる。体験を積めば積むほどインサイトが深まっていきます。

次に、流行のサービスや商品を試してみたら、その弱点や問題点について考えることです。使ってうれしかった、面白かったというだけでは単なるユーザーです。

先ほど言ったように、大ピンチの中にも5％か10％ぐらいチャンスがあります。逆も同じで、はやっているものにも弱点はあり、それが次の時代のヒントになったりします。

例えば、アマゾンがネット通販で幅を利かせていますが、よく考えると「アマゾンはビッグデータによるリコメンドはできても、ディープデータによるリコメンドはできないのではないか」と気づいたりします。

さらにもうひとつ、私が常に心掛けているのは、〝つながり〟を広げることです。

個人的には、20代のころから30代にかけて、マーケティングだけでなく店づくりや商品開発などのセミナーに足しげく通っていました。知識も何もなかったので、取りに行くしかなかったからです。座るのはいつも最前列で、講師の人とアイコンタクトを取り、終わったら名刺交換してまた話を聞く。そんなことを繰り返していました。

ある程度、経験や知識がついたら、今度は自分から「こんなことを考えています」「こんなことが気になっています」と情報発信を積極的に行います。すると、周りの人がそれに気づいていろいろ返事をくれたり、教えてくれたりする。自分の思考ロジックを全部開示し、それに返してくれるわけですから、間違いなく役に立つ情報ばかりです。

なお、〝つながり〟ということでは組織同士の協力関係も重視しています。２００７年から当社と取引のあるメーカーや卸と一緒に、「潜在需要発掘研究会」という会を毎月開催しています。メーカーや卸、あるいは当社のスタッフがまず特定の商品やカテゴリーの潜在需要に関するプレゼンテーションを行い、様々な検討を経て店頭で施策を実施し、その結果を改めて発表して検証するということを繰り返しています。

また、２００８年には全国各地の地域密着型ドラッグストアのＩＤ-ＰＯＳデータを統合し、ローカルチェーンやメーカー、卸などを支援するSegment of One & Only（ＳＯＯ）を設立しました。

いずれにしろ、「マーケティングはこういうものだ」と決めつけ過ぎず、まずはお客様のことを知りたい、お客様を幸せにしたい、そう強く思い続けてください。そうすれば自ずと、経験や技術も身についてくるはずです。

Essence of the voice

1. チャレンジの機会が目の前に現れたら、恐れずに飛び込み、必死にやってみる。そうすれば何とかなるし、自分の世界がどんどん広がっていく。

2. 中小の小売業は顕在需要を追いかけるのではなく、お客様自身が気づいていない価値を提示し、潜在需要を掘り起こし、新しい市場を創造すべきである。

3. ピンチをチャンスに変えるのではない。ピンチのどこかに必ず存在するチャンスを見つけることが重要である。

4. 流行のサービスや商品を試してみて、その弱点や問題点を考える。それが次の時代のヒントになる。

5. 「マーケティングはこういうものだ」と決めつけ過ぎず、まずはお客様のことを知りたい、お客様を幸せにしたいと強く思い続けるとよい。

主力事業であれ新規事業であれ
理念と仲間にこだわった
マーケティングを貫く

森島千佳

味の素株式会社執行役員
1963年滋賀県出身。86年お茶の水女子大学文教育学部卒、味の素入社。90年に総合職に転換。調味料部、食品部などを経て、健康事業開発部で新事業の立ち上げに参画。2015年から執行役員。家庭用事業を担当（取材当時）。
＊2019年7月から広報コミュニケーション部門の担当

家庭用事業で学んだ体系的マーケティング

私はこれまで30年以上、社内でマーケターとして経験を積み重ねてきましたが、前半と後半では全く異なる経験をしました。

前半の15年は2～3ヵ所、部を異動したとはいえ、主力事業である家庭用調味料や加工食品が担当でした。初めはやはり、自分が手掛けた商品が食品スーパーなどの店頭でお客様に買っていただけるのを見てうれしく、もっと頑張ろうという励みになりました。

当社はコンシューマー向けを中心として独自の商品開発体系を持っており、マーケティングにもそれなりの自負を持つ企業です。商品開発やブランド管理について体系化されたノウハウがあり、マーケターはそうしたノウハウについてまとめたテキストなどで徹底的に研修を受けます。現在、私が責任者を務める家庭用事業部門でグループ会社まで含めたマーケティング研修を定期的に実施しています。

当社におけるマーケティングは、価値を生み出し、その価値をお客様に届けるすべての事業活動を指します。マーケターとはそのための「オーケストラの指揮者」のような存在です。コントロールタワーとしてマーケターは自分でタクトを振り、仲間と志を共有し、同じ目標に向かって行動することによって結果を出し、そして仲間と共に喜びを分かち合うのです。

例えば、「Cook Do」を使って料理を作ってみたら野菜嫌いだったお子さんがピーマンやキャベツを食べられるようになった、という嬉しいお手紙をいただくことがあります。このようなファンレターは、マーケティング部門だけでなく生産現場や開発部門、販売スタッフなどバリューチェーン全体で共有します。私自身、いつもそうしたことを心掛け、仲間と一緒に仕事をする楽しさを感じてきました。

新規事業立ち上げで経験したゼロからのマーケティング

家庭用の調味料や加工食品のマーケターとして充実した毎日を送っていたある日、2002年ですが、突然、健康事業部門へ異動することになりました。当社が得意とするアミノ酸の研究成果に基づく通販サプリメントの立ち上げに参加することになったのです。

当初のメンバーは6名だけ。私は商品開発の担当としてメンバーに加わったのですが、医薬安全性の専門家、ゲノムなどを扱う化学の専門家などお互いこれまで社内でもまったく接点のなかったような人たちで構成されたチームでした。

最初は議論をしようにもお互いの言葉の意味が分からず、別の会社に来たかと思うぐらいのカルチャーショックでした。自社通販でアミノ酸サプリメントを立ち上げることを決定しましたが、社内に事業基盤もなく知見も少なく、全くゼロからのスタートでした。私は開発担当として「グリナ」という睡眠サプリメントを開発していましたが、販売については誰がやるんだろうと思っていたら、上司から「君がやってくれ」と言われて驚きました。結果、商品開発と販売プラットフォーム構築を同時に経験することになったわけです。

とはいえ、自社だけではとても無理で、受注から配送、代金回収まで他社と協働したプラットフォームを構築しました。2005年8月に「グリナ」で通販サプリメント事業をスタートしましたが、なかなか事業は軌道に乗らず、社内でも異端児扱い。売上よりも赤字のほうが大きい苦しい時期が続きました。資金が回らない会社だったらすぐ終了という逆境に耐えつつ、社外から学び、社外の仲間と気持ちをひとつにして目標に向かうことでなんとか2011年に黒字化を果たし、2015年まで事業を引っ張らせていただきました。今では社内でも存在感ある事業に育っていることをとても嬉しく感じています。

いまから振り返ると、健康事業の立ち上げということだけでなく、当社として初めてのダイレクトビジネスという点においても貴重な経験となりました。社外の仲間とビジョンを共有しひとつの目標に向かうことで大きな力を得たこと、仲間と志をあわせて仕事をする素晴らしさを体験できたことが自分にとっては大きな学びとなりました。

イノベーションの創出と自己成長の相互作用

最近、イノベーションの重要性がよく言われますが、イノベーションは起こそうと思って起こせるものではありません。ただ、それぞれ異なるバックボーンや価値観を持った人間同士が志を共有し、ひとつのゴールを目指したとき、イノベーションが起こるのだと思います。私自身イノベーションと言うほど大きなものではありませんが、バックボーンの異なる仲間が同じ目標に向かい気持ちを合わせた時に、想定以上の大きな力を生む経験を何度かしています。

当社は一般には家庭用の調味料や加工食品の会社と思われがちですが、食品メーカーを顧客とするソリューション&イングリディエンツ事業もグローバルに展開しています。またアミノ酸の技術をベースにしたヘルスケアやライフサポート事業からなるアミノサイエンス事業が食品と並ぶもうひとつの柱です。そして食品事業、アミノサイエンス事業ともに海外売上の比率が国内を大きく上回っています。

早くからグローバルに事業を展開してきたことからも、当社では「味の素グループWay」という行動規範のひとつとして、開拓者精神Pioneer Spiritを掲げています。全社的に、新しい価値を創造して社会に貢献することが求められ、人事評価の項目にも入っており、多くの社員が若いうちから海外で働くことを希望しています。

個人的にも、海外を経験した社員は粗削りであってもたくましくなって戻ってくるという印象があります。海外では裁量が大きくなり自分で判断して自分で責任をとる経験ができることに加え、市場データや生活者調査などのマーケティング環境が整っていない場合も多いので事業にとって一番重要なことを自分の頭で突き詰めて考える経験ができるからではないかと思っています。私自身も振り返ると、既存の事業基盤には一切乗らない新事業を担当した時に「商売」というものをとことん考え、多くを学びました。

海外での経験や、新規事業の立ち上げは自己の成長だけでなくイノベーションの創出に貢献する人財になるという意味でも、重要なことだと感じます。

組織におけるイノベーションの創出は、メンバーが自己成長することとの相互作用に大きく左右されるのです。

ビジョンを大切にしたブレないマーケティング

当社の事業は、１９０７年（明治40年）に帝国大学教授であった池田菊苗博士が湯豆腐の昆布だしの味の成分がグルタミン酸というアミノ酸の一種であることを発見し、「うま味」と名付けたところから始まります。それは池田教授がドイツへ留学した際、日本人と比べてドイツ人の体格と栄養状態の良さに驚き、「日本人の栄養状態を改善したい」と強く願うようになったのがきっかけでした。

当社は創業以来、事業を通じた社会課題の解決に取り組み、社会や地域と共有する価値を創造することで経済価値を向上し、成長につなげてきたのです。

現在、当社ではこうした精神をＡＳＶ（Ajinomoto Group Shared Value）と呼び、事業活動を通じた社会課題の解決によって創出された経済価値を次の事業活動へ再投資することで、さらなる社会課題の解決に貢献する好循環を作り出し、サステナブルな成長を実現することを目指しています。

マーケティングも同じ考え方のもと、社会の課題やお客様の悩みを解決する価値を提供すること、新しい価値をお客様と共創することを目指しています。私の中ではマーケティングとは事業そのものであり、経営となんら変わりはありません。執行役員として事業部門の責任者となり、そのことをますます強く感じています。

最近、マスマーケティングが効かなくなってきているといわれます。背景にあるのは、消費者の価値観の多様化とニーズの急速な変化です。良い商品をまずつくり、そのあとに最適な売り方を考えればなんとかなる時代ではもうありません。

商品開発の段階から、どこでお客様との接点をつくり、どうやって商品の存在を知ってもらい、そして共感してもらい、買っていただくのか、価値を創る商品開発とそれを届ける販売・コミュニケーションを一気通貫で考えないと勝てなくなっているのです。

そうした環境では企業としてのビジョンや志を皆が共有すること、ブレないことがとても重要になってきます。自分たちは何を目指し、どこに向かって日々活動をするのか、目指す姿であるビジョンはとても重要です。

私は、家庭用事業部門においても、通販サプリメント事業の立ち上げにおいても、生活者からどういう存在だと思われたいか、というビジョンを常に念頭に置いて仕事をしてきました。すべての商品開発も販売施策もビジョン実現に向けて策定されるべきです。

また、マーケティングにはスキルやテクニックはもちろん必要ですが、最も大切なのはこの人の役に立ちたい、喜んでもらいたいという強い想いです。マーケティングとはその強い想いを形にしていくことです。お客様に喜んでもらえる価値を創り出し届けることに粘り強く挑戦し続けるのが、マーケティングだと思っています。

そしてもうひとつ、どんな仕事も同じでしょうが、マーケティングにおいても仲間を大切にしたい。マーケティングは一人でできるものではなく、仲間と一緒に気持ちを合わせてビジョンを実現する仕事だと思います。

多くのお客様に喜んでもらい、感謝される。そんな仕事を仲間と一緒に成し遂げたい。それがマーケターとしての私の変わらない願いです。

Essence of the voice

1. マーケティングとは、価値を生み出し、お客様に届けるすべての事業活動を指す。マーケターとは、そのための「オーケストラの指揮者」のような存在である。

2. 新規事業で、社外の仲間と志をあわせ同じ目標に向かって仕事をする素晴らしさを体験した。

3. イノベーションはバックボーンや価値観が異なる仲間が目標と気持ちを合わせて取り組むことで生まれる。

4. マーケティングとは、仲間とともにビジョンを実現していくことそのものである。

5. お客様の役に立ちたい、喜んでもらいたいという信念を持ち、粘り強く挑戦し続けるのがマーケティングである。

お客様とブランドに対して
正しいことを徹底して行うのが
マーケターの使命

山形光晴

キリンビール株式会社常務執行役員マーケティング本部マーケティング部長兼商品開発研究所長
１９７６年埼玉県出身。99年慶應大学経済学部卒、Ｐ＆Ｇ入社。日本とシンガポールで主にヘアケア商品や化粧品のマーケティングを担当。２０１５年キリン入社、キリンビバレッジマーケティング部長を経て17年キリンビールマーケティング部長に着任。19年3月から現役職。

「お客様は何を考えているのか」こそ本質

私は大学卒業後、Ｐ＆Ｇで日用品のマーケティングに16年間、携わりました。Ｐ＆Ｇ時代の経験がいま役立っているか尋ねられることがありますが、正直いってほとんどありません。

ただ、「こういうことをするとダメだ」という失敗はたくさんしました。Ｗｈｏ、Ｗｈａｔ、Ｈｏｗといったフォーマットを埋めると仕事をした気になるのですが、そんなものでは売れません。上手にペルソナをつくり、社内で通りやすい企画書をまとめ、予算も十分確保できたから売れるかというと、これまた全然違います。

売れるかどうかは、そんなこととは関係ありません。

本当に大事な本質は、お客様は何を考えているのかということです。リサーチからヒントをつかみ、仮説と検証を繰り返す中からしか、この本質は見えてきません。もうやれることは全部やったというところから、さらに3倍くらいやって、ようやく本質の一端が見えてくるといった感じでしょうか。

4年前キリンに移り、「一番搾り」のリニューアルや「本麒麟」の開発を指揮してきました。私に与えられたミッションは、キリンのマーケティングを根本から変えるということです。

多かれ少なかれどの企業でも、「この技術が使えないか」「上がこう言っている」といった社内事情で商品開発が行われることがあります。

飲料メーカーはさらに、比較的短い期間で商品開発ができ、それがいろいろトライできる面白さにつながる一方、自分たちがやりたいことや思いつきだけで進め、失敗してもまたチャレンジすればいいとなりやすい面もあります。

私が取り組んだのはやはり、お客様が本当に求めているものは何か、お客様はどういうふうに考えて商品を選んでいるのか、という本質についてとことん議論することでした。

リサーチについても、例えばA／Bテストをやる前に、自分たちはそこで何を理解しようとしているのか、掘り下げて考えることを繰り返し求めました。

他社との差別化は企業目線でしかない

もうひとつ、私がこだわったのは失敗の振り返りです。

ビール系の新ジャンル市場はいくつかのブランドで飽和しており、当社からはヒット商品がなかなか出ていませんでした。

そこで、過去十数年にわたって、キリンが出した新ジャンルの商品を遡って調べたのです。開発の経緯、市場導入の過程など残っている書類を領収書に至るまで全部引っ張り出して、失敗の理由を探りました。

特に注目したのは、議論や意思決定のプロセスです。浮かび上がってきたのは組織の〝クセ〟でした。組織にはそれぞれ議論や意思決定のパターンがあり、それが強みになることもあれば、マイナスの影響を及ぼすこともあります。失敗の原因になっているなら、もちろん後者です。

例えば、企画を上にあげていくうち、コンセプトがどんどん変わってしまう。役職が上で声の大きい人の意見が通ってしまう。十分なリサーチもせず、なぜ決まったのかよく分からない。

しっかり議論したように見えるケースにも、失敗につながる〝クセ〟がありました。典型例が、4象限のポジショニングマップです。

2軸を選んで4象限をつくり、そこに競合する他社や人気の他ブランドをプロットし、「空いているここを狙おう」となってしまうのです。

こういう議論は、企業目線での空論に過ぎません。切り口を変えれば違う軸、違うマップになります。ポジショニングとしてはライバルと丸被りするけれど、自分たちならもっと良いものが作れる自信があるから真っ向勝負を挑む、という選択もあるでしょう。

フレームやフォーマットを使うと何となく議論している気になりますが、お客様の本質は全然見えてきません。

日本のように成熟した社会では、消費者がモノを選ぶ基準はどんどん多様かつ複雑になっています。そこでマーケティングでは「差別化」という言葉をよく使うのですが、「差別化」がお客様の求めているものなのか。他社と差別化するより、お客様の本質的なニーズにどうやって応えるかのほうが大事なはずです。

結論は同じになるかもしれませんが、入り口の違いは決定的に重要です。

本当のミッションは人材の育成

キリンのマーケティングを変えるのが私のミッションだと言いましたが、その奥にある本当のミッションはマーケティングに関わる人材の育成だと私は思っています。

当たり前のことを徹底的に議論したり、考えてもらったりしているのもそのためです。

そもそもマーケティングは、ユーザーエクスペリエンスをデザインする仕事だといえます。お客様が自社の商品に出合うまでの動線を考え、手に取っていただいたときの感覚を思い浮かべ、さらに使用後の気持ちまで想像する。

そのために必要なのは、半分がデータ、半分が勘だといつも私は言っています。データと勘、この2つがうまく噛み合うことでマーケティングの精度が上がるのです。

当社にはすでにデータはたくさんありますから、もうひとつの勘のほうをしっかりトレーニングしてもらおうと考えたわけです。

ここでいう「勘」とは、ただのインスピレーションではありません。お客様自身も気づいていない心の内面を理解したり共感したりする力です。そういう勘を磨くことで、データを分析したり活用したりする能力も上がっていきます。

良きリーダーこそ良きマーケター

私は、自分が優れたマーケターだとは思っていません。プロフェッショナルマーケターになりたいと思って、仕事をしたこともありません。

何より大事にしているのは、お客様とブランドに対して「正しい」ことを行うというその一点です。

誰のためにこの商品を作るのか、なぜ我が社にとってこの商品が必要なのか、どちらの方を向いて仕事をするのか、そういうことをいつも自分に問いかけ、間違っていないかどうか確認しています。

そして、結果を出すため全力を尽くします。消費財メーカーにおいてマーケティングは、成功のためとりわけ有効かつ重要なツールであり、様々なスキルや方法を駆使するのは当然です。

成功のため、良いリーダーでありたいという思いも強く持っています。いまの時代、チーム一丸、全社一丸となって取り組まなければ、決して売れる商品はできません。みんなでこれを絶対に売って、会社のためやり遂げるんだとメンバー全員に思わせる迫力が、リーダーには必要です。人間性も含めて良きリーダーでなければ、良きマーケターとは言えないでしょう。

人材育成を重視するのもそのためです。マーケティング部門のメンバーには良い仕事をしてもらいたい、良いマーケターになってもらいたい、良いリーダーになってもらいたいと常に思っています。

観察眼を磨き、やり通す力を身につける

マーケターを目指す若い人には、お客様の行動観察や定性調査を数多くこなすことを勧めたいです。私も若い頃、何百回となくやってきました。

何回も何回も繰り返すうち、お客様の行動が自然と脳裏に浮かんでくるようになります。ヒアリングでも、「こういう発言が出るんじゃないか」と予測できるようになります。量をこなすことによって、そういう観察眼が磨かれてくるのです。

仕事以外でも、目の前の相手の言葉や行動の裏側を推理してみる。街角の広告ひとつとっても、なぜこういう表現をしているのか、作り手の考えをなぞってみる。その積み重ねがマーケターとしてのトレーニングになります。

もうひとつ、若いうちから自分でやりたいと思ったことをやり通す力を身につけることも大事です。

例えば、大学でサークルに入ってみたものの、つまらないということは少なくありません。そこですぐ辞めるのではなく、なぜ面白くないのか、どうすれば面白くなるのか、周りを巻き込みながらいろいろ試してみる。

変わり者に見えるかもしれませんが、自分なりの疑問にこだわり、自分から取り組む能動性を持つ。そういう経験を若いうちにたくさんしてほしいと思います。

Essence of the voice

1. フォーマットを埋めたり、社内で通りやすい企画書をつくったり、予算を確保したり、そこで仕事をした気にならないこと。それで商品が売れるわけではない。

2. 他社との差別化より、お客様の本質的なニーズにどうやって応えるかが大事である。

3. データと勘の２つがうまく噛み合うことで、マーケティングの精度が上がる。

4. 人間性も含めて良きリーダーでなければ、良きマーケターとは言えない。

5. マーケターを目指すなら、若いうちから定性調査などを数多くこなすことで観察眼を磨き、また自分の思いをやり通す力を身につけてほしい。

第2部

プロフェッショナルマーケターの条件

第２部では、第１部の内容を参照しながら、プロフェッショナルマーケターとして実務の世界で活躍したいと考えている方々へのヒントを整理します。

1 マーケティングの理論と実務

●マーケティングを使いこなすことの難しさ

マーケティングの理論を学ぶことはそれほど難しいことではないと思います。もちろん、マーケティングがカバーする領域は多岐にわたるため、それらを包括的に学ぶためには一定の時間がかかります。また、マーケティング独自の用語や概念も多くあるため、それらを理解して覚える必要もあります。

一方で、理解しづらい難解な概念が多いわけでもなく、他の学問の知識（例えば数学の知識）が前提となるわけでもありません。様々な学問領域を学んでいる大学生からも、マーケティングは最も理解しやすく、学びやすい科目の一つだという声を多く聞きます。

企業でマーケティングに従事しているマーケターの中には、学生時代にはマーケティングを学んでいなかったという方々も多くいると思います。それらの企業人の方々は、書籍を通じた独学や仕事を通じてマーケティングを学んでいると思われます。さらに、企業内外の研修で学ぶ機会も多いと考えられます。

例えば、第1部の**森島千佳**さんのパートに、社内でのマーケティング研修で鍛えられたという話が出てきます。味の素には商品開発やブランド管理について体系化されたノウハウがあり、それをまとめたテキストを使った研修が定期的に実施されているということです。これらの、企業人として学ぶ方々にとっても、マーケティングの理論を学習することは、それほど難しいことではないと思います。

このように、マーケティングは学びやすいと考えられる半面、使いこなすことは難しいという側面も持っています。マーケティングの世界で著名な、ノースウエスタン大学のフィリップ・コトラーもその著書『コトラーのマーケティング・コンセプト』の中で、マーケティングは学ぶことは易しいが使いこなすには一生かかる、という趣旨のことを述べています。

それではなぜ、マーケティングは使いこなすことが難しいのでしょうか。その大きな理由は、現実世界でマーケティングを実行する際の環境与件が千差万別だということです。

優れたマーケティング戦略を計画・実行するためには、対象となる顧客の特徴、自社の強みと弱み、競合企業の動向、マクロ経済の状況等々、膨大な数の要因を考慮する必要があります。これらの要因が複雑に絡み合って生じる状況は、業界によって、時によって大きく異なります。そして、置かれている状況によって、取るべき打ち手は異なります。

その上、消費者の生活スタイル、メディアや流通チャネルなどの与件は、年々変化しています。これらの環境与件や技術の進展によって、マーケターが利用できる手法も大きく変わっています。それらの状況を的確に把握し、その認識を土台として適切かつ有効なマーケティングを計画・実行することは、理論を知っていれば誰でもできるわけではないと、容易に想像できます。

また、ほとんどの企業や組織において、マーケティングは個人で完結する仕事ではありません。効果的なマーケティングを実行するためには、自身が属する企業や部署の内外の人々とうまく連携しながら仕事を進める必要があります。優れたマーケターには、このような、他の人々と連携しながら仕事を進めるスキルも求められることになります。

●プロフェッショナルマーケターの共通項

本書のテーマであるプロフェッショナルマーケターとは、実務の世界でマーケティングを使いこなして実績をあげている人たち、というように理解することができると思います。

上述したことを考えると、プロフェッショナルマーケターには、市場の状況を的確に把握し、その状況に適合した打ち手を計画し、関係者と連携しながらそれを実行する、ということが高いレベルで求められることになります。

もちろん、企業内における役割やポジションによって、上記の一連の仕事の何をどのように担うのか、自分自身で行うのか組織を動かして実行するのか、などのことが異なるはずです。このような相違はあるとしても、マーケティングを使いこなして実績をあげている、ということはプロフェッショナルマーケターに共通することだと考えられるでしょう。

上述したように、マーケティングを使いこなすことが難しい理由として、実行する際の環境与件が千差万別だということがあげられます。したがって、特定の状況下で成功したマーケティングの戦略や施策は別の状況でも成功する、というような普遍性を持っているわけではありません。

一方で、第1部に登場するプロフェッショナルマーケターの中には、複数の企業において、異なる市場を対象として成功している人たちが多くいます。また、同一企業で長年仕事をしている場合でも、複数の製品領域、異なるブランドで成功している方々が存在します。これらのマーケターは、ある状況下で成功した手法をそのまま他に適用しているわけではありません。あるいは、この状況ならばこのやり方というような成功の方程式を持っているわけでもないと思います。

このように、成功が約束された普遍的なマーケティング戦略や成功の方程式がないとすると、実績をあげているマーケターに共通することは、用いる戦略や手法ではなく、その根底にある考え方やものの見方ということになるのだと考えられます。

そこで以下では、その共通項について、第1部におけるプロフェッショナルマーケターの方々の言葉やその背景にある考え方を参照しながら検討したいと思います。

2　顧客志向の実践と課題

●顧客志向とは何か？

マーケティングの根幹を成す重要な概念は「顧客志向」です。顧客志向とは、顧客を中心に置いてビジネスを考えるという企業の姿勢です。別の言い方をすれば、顧客に高い価値を提供することに最大のプライオリティを置いて企業活動を遂行するという、企業の志向のことです。

顧客志向を説明するためによく使われるアナロジーに、「お客様は神様です」というものがありますが、これは誤解されやすい言葉だと思います。顧客を神様だと位置づけてしまうと、顧客の意向は絶対だと考えてしまうかもしれません。あるいは、企業は、顧客の言うことに従う受け身の存在だと捉えがちになると思います。

しかし、顧客の希望に従うことが、顧客にとって高い価値を提供することにつながるとは限りません。顧客自身も気づいていないニーズに応えることが、高い顧客価値につながることが多くあります。このようなケースでは、顧客の言うことに従うのではなく、顧客の潜在的なニーズや真のニーズを発見してそれに応えることが、高い顧客価値の提供につながるはずです。

また、企業である以上、ビジネスを遂行することによって適切な利益を得る必要があります。神様である顧客に対して高い価値を提供するためには、コストを度外視してもよいということにはなりません。

したがってマーケターは、顧客の希望に無条件に従う受け身の存在として自らを捉えるのではなく、顧客以上に顧客を理解することに努め、コストとのバランスの中で顧客への提供価値の最大化を図る、能動的かつ主体的な存在だと自分を位置づける必要があります。

優れたマーケティングを行っていることで知られているP&Gは、"consumer is boss"をモットーとしています。これはもちろん、消費者のより良い暮らしを実現することを第一に考えるという企業方針を示しているわけですが、それを高いレベルで実現するためには、ボスに言われたことを黙々とこなすのではなく、ボスの意向を能動的にくみ取り、自らが主体的に動いて高い成果を出すという仕事の仕方をする必要があります。

●サービスが先、利益は後

上述したように、企業である以上、顧客に対して高い価値を提供するためには利益は度外視してもよいということにはなりません。顧客への価値提供によって顧客満足を達成し、それを適切な利益につなげる必要があります。重要なことは、顧客満足の達成と利益の獲得を、その順序で両立させることです。

利益を獲得できれば顧客満足はどうでもよいというビジネスも、顧客が満足してくれれば利益はなくても構わないというビジネスも、共に成立しません。また、利益を獲得してから顧客満足のことを考えようという順序が成り立たないことも明らかです。

ヤマト運輸の元社長で宅急便の生みの親である小倉昌男氏は、その著書『小倉昌男　経営学』の中で、「サービスが先、利益は後」ということを述べています。小倉氏がヤマト運輸の社長時代には、折に触れてそのことを社内でも話していたということです。この言葉は、顧客志向に基づくビジネスの本質を表していると考えられます。

ここで言うサービスは、顧客にとって価値のある提供物という意味です。したがってこの言葉は、顧客にとって価値のあるものを提供すればそれが利益につながるのだという意味を有するとともに、顧客価値の提供を利益につなげることの重要性も説いていると考えることができます。

前のパートでも出てきたフィリップ・コトラーと、ダートマス大学のケビン・ケラーは、その著書『マーケティング・マネジメント：第12版』の中で、「マーケティングを最も短い言葉で定義すれば、ニーズに応えて利益を上げること」と記しています。この言葉の意味することも、小倉氏の述べたことと同様に考えることができます。

●マーケティングが生み出す好循環サイクル

上記のことを整理すると、図1のように表すことができるでしょう。優れたマーケティング活動によって顧客満足を達成すれば、顧客の継続購買を生み出すとともに、ポジティブな口コミ効果が働き新規顧客の獲得にもつながります。それらの効果が自社の利益をもたらします。さらに、獲得した利益が新たなマーケティング投資を可能とし、そのことが新たな顧客満足をもたらし、追加的な利益につながります。

このような好循環のサイクルを回すことが企業活動におけるマーケティングの役割だと

図１：優れたマーケティングによる好循環サイクル

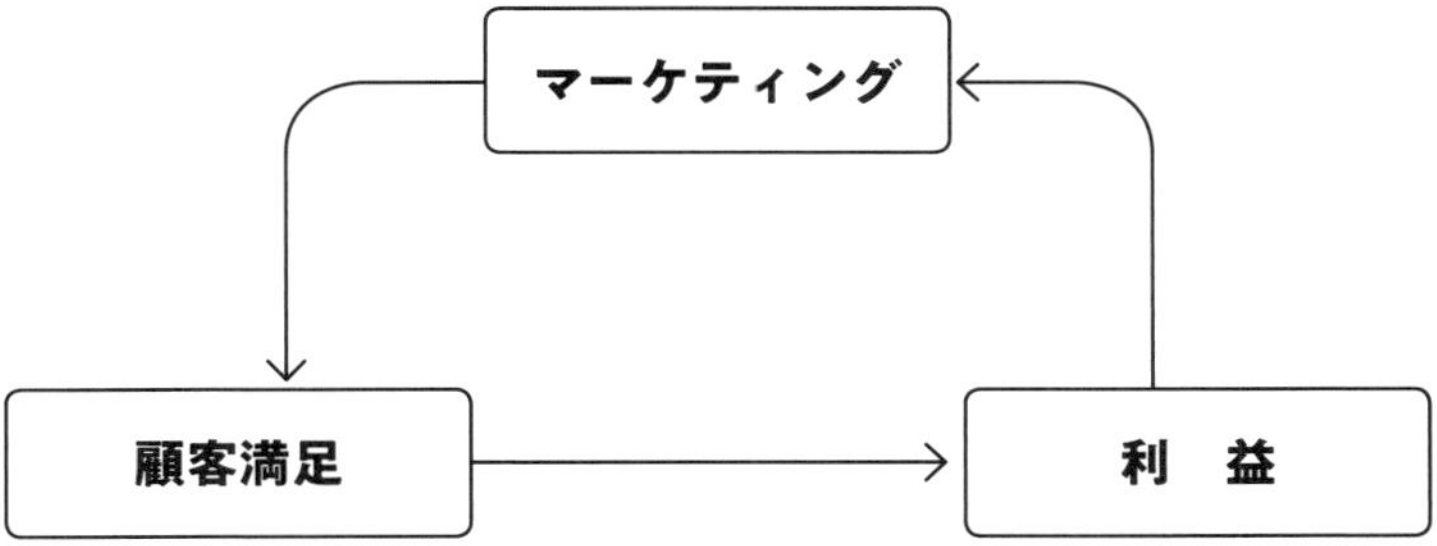

いうことができるでしょう。そして、マーケティングを使いこなすことによってこの好循環を生み出すことができるのが、優れたマーケターの条件だと考えられます。

ただし、顧客が満足し利益が獲得できれば、どのような方法でビジネスを展開しても構わないということではありません。企業の社会的責任や社会貢献が重要視されるようになってきた今日では、このことをより真剣に考える必要があります。

清涼飲料の自動販売機は街中の至る所にあり、それを飲みたい人の利便性と企業の利益の双方につながっています。清涼飲料だけでなく、以前はビールなどのアルコール類の自動販売機も街中にあり、誰でも自由に買うことができました。

アルコール類の自動販売機も、それを利用する顧客の利便性と企業の利益の両方をもたらしていたはずです。しかし自動販売機は誰でも簡単に利用できるため、未成年者のアルコール飲用につながる危険性があります。この観点から、屋外のアルコール類自動販売機については、業界が自主的に撤廃を進めて、現在ではホテルなどに設置されているものを例外として、街中には設置されていません。この例は、顧客満足と企業の利益の双方を、社会全体の利益に資する方法で達成することの必要性を表しています。

アルコール類の自販機撤廃は、社会に対してネガティブな影響を与えるような施策を行わないという例ですが、より積極的に社会に対してポジティブな影響をもたらすことを意図したマーケティング施策を行うことも重視されてきています。

いずれにしても、優れたマーケティングを計画し実行することは、図1のような好循環のサイクルを回すことにつながります。そして、それを実現するための根幹にある考えが、顧客志向であることは、前述した通りです。

●顧客志向と組織の都合

顧客志向は、企業にとって一見当たり前の考え方のように思えます。しかし、当たり前の考え方であっても、それを企業活動の中で貫徹することは、実は難しいことでもあります。第1部の**山形光晴**さんのインタビューの中で、キリンで過去に開発された製品についての失敗の分析を行ったというエピソードが出てきます。その分析に関する記述からも、組織の都合によって製品開発の意思決定が行われることが、決して少なくないことが分かります。

顧客が欲しいものは何かという視点ではなく、上司の意向などの社内事情が優先するというようなことは、どのような組織でも起こりうる現象だと考えられます。第1部の**大江弘祥**さんのパートにおいても、過去の失敗を振り返ると顧客視点を欠いていたことが原因であり、現在は何をやるにしても顧客視点を徹底している旨が述べられています。

山形光晴さんのパートでは、差別化についても言及されています。その中で「他社と差別化するより、お客様の本質的なニーズにどうやって応えるかのほうが大事なはずです」というコメントが出てきます。競合他社の製品と差別化したいというのは企業の都合であって、顧客の都合ではありません。

もちろん、顧客の本質的なニーズに応えた結果として他社製品と差別化されたものが開発されるという場合は、企業都合の差別化とは言えません。この場合の差別化は、結果としてそうなったということであり、差別化そのものが目的ではありません。しかし、気を付けていないと、顧客が何を求めているのかはそっちのけで、他社製品との差別化そのものが大きな目的となってしまうことも、往々にして起こりがちだと思われます。

このように、顧客志向は当たり前の考え方であるにもかかわらず、企業活動の中では社内事情や組織の都合が優先されてしまう場合が多々あるのが現実です。つまり、企業活動の中で顧客志向が徹底されることは、実は当たり前に実現できているわけではないということです。

マーケターはこのことを常に念頭におき、組織の意思決定や行動が顧客志向から外れないような舵取りを担う必要があります。このことは、マーケターが持つべき最も基本的な認識ではないかと思います。

3 顧客を理解する

・顧客を理解することの難しさ

顧客志向を実現するためには顧客を理解する必要があることは言うまでもありません。顧客がどのようなニーズや嗜好を有しているのか、顧客が生活上困っていることは何か。これらの理解なしに、顧客にとって価値のあるものを提供することはできません。

顧客自身が気付いている顕在化したニーズや生活上の課題については、調査などによって把握することが可能です。ただし、このような顕在ニーズは多くの企業が把握できるため、その充足をめぐる競争は熾烈なものとなりがちです。顕在ニーズに基づくマーケティングは、競合企業間で同質的なものになりやすく、顧客にとっては価格が主な選択理由になりやすいからです。

一方で、顧客の潜在的なニーズや課題をいち早く発見し、それを解決するマーケティングを展開することができれば、顧客ニーズに応えた結果としての差別化が可能となります。ただし、顧客の潜在的なニーズや生活上の課題に関しては、アンケートやインタビュー調査によって顧客に聞けば、すぐに教えてくれるというものではありません。

自動車を世に出したヘンリー・フォードの言葉に、「もし顧客に何が欲しいかを尋ねたら、もっと速い馬車が欲しいと答えただろう」というものがあります。自動車が存在しない世の中に暮らしていた消費者は、自動車が欲しいとは回答してくれません。

この例に限らず、顧客は自身の潜在的なニーズを表現することも、潜在ニーズに応える製品を明示することもできません。したがって、マーケティングを行う側が、顧客の潜在的ニーズや課題を洞察し、その解決策を創造的に発想する必要があります。

第1部で**木村美代子**さんは、ロハコのコアユーザーに新しく提案する商品を手に取ってもらったときに、「これが欲しかったんだ」と言っていただくのが目標だ、という趣旨のことを述べています。このように顧客は、具体化されたものを見てはじめて自分のニーズに気付くものであり、自らの潜在ニーズを探り当てて、それに応えるこのような製品が欲しいと言ってくれるような存在ではありません。

顧客を理解するためには、顧客の潜在的なニーズや課題を含めて把握する必要があります。ただし、このことは、顧客自身に聞けば分かるというものではなく、マーケターが様々な材料をもとにして洞察する必要があります。その意味でマーケターには、顧客自身以上に顧客を理解することが求められるということです。

●顧客を理解するための鍵

それでは、顧客を深く理解するためには、どのようなことが有効なのでしょうか。このことに関連し、第１部の**伊東正明**さんのパートに、Ｐ＆Ｇ時代に顧客調査を徹底的に行ったという話が出てきます。洗濯洗剤のブランドを担当しているときに、消費者のお宅訪問を３年間で１２０件、グループインタビューなども含めると９００名ほどの主婦の方々に会い、この結果、玄関のドアを開けた瞬間に、その家の方がどんな洗濯洗剤を使っているのかが分かるようになったということです。伊東さんは、このことは特殊な才能によるものではなく、訓練の結果だということも述べています。

同様に**山形光晴**さんのパートでも、消費者を対象とした行動観察や定性調査を何百回も行ったという話が出てきます。そして、これらの調査の量を重ねることで観察眼が磨かれるとしています。

また、**伊藤秀二**さんは、カルビー品質保証本部の担当役員の経験から多くを学んだと述べています。その中で、顧客からの指摘（クレーム）や問い合わせが年間数千件あり、そこでしか聞けない顧客の本音がある旨を言及しています。

上記の例からも、顧客を理解するには、顧客の行動を観察したり、顧客の声を聞いたりすることが有効であることが分かります。また顧客を理解するための力を身につけるためには、そのための努力や訓練が有効だということも確認できます。

自身が関連している特定の製品に関する、消費者の使い方や飲み方を観察する。これらの製品が店頭でどのように購買されているか、買い物行動を観察する。インタビュー調査などを通じて、顧客の使用経験や購入経験の実態や問題点を把握する。こうした観察や調査を大量に実施することによって、顧客を理解するための観察眼が磨かれるのだと考えられます。

観察や調査だけではなく、実際に実行した施策の効果を見極めることで顧客を理解することも重要です。第1部の**大久保恒夫**さんのパートで、「顧客に何が欲しいかを聞いても答えは得にくいが、実際に店頭に並べてみれば買ってもらえるかどうかが一目瞭然に分かる」という趣旨の記述があります。そして、ＰＤＣＡを回す中で顧客のニーズを見つけていくということの重要性が述べられています。

このように、実行されたマーケティングへの顧客の反応も、顧客理解の向上をはかるための重要な情報となると考えられます。

●人間を理解することの重要性

顧客理解についてもう一つ付け加えたいことは、人間を理解することの重要性です。第1部の**音部大輔**さんのパートに、「人間を包括的に理解できれば、マーケティングがどんどん面白くなり、どのような場でも活躍できるマーケターになれるはずです」という記述があります。

第1部の他のマーケターの記述からも、人間の根源的な性質を理解することの重要性を見て取ることができます。

人は様々な側面を有しています。企業人としての側面、家庭内での夫や妻、あるいは父親や母親としての側面、そして消費者としての側面も人は持っています。消費者は、人の特定の一側面にしかすぎません。したがって、人間の行動や心理を理解することは、人の一側面としての消費者を理解するための土台となるはずです。

人間の心理や行動の特徴の本質的な部分は、昔も今も、日本でも外国でも大きな差はありません。例えば、将来の利益よりも現在の利益を重視するという志向は、現在志向性、あるいは現在志向バイアスなどと呼ばれます。このような現在志向性は、個人差はあるものの、誰もが持っている人間固有の特徴だと考えることができます。このような、人間心理の本質的な特徴を理解していれば、消費者を理解するための大きな助けになるはずです。

人の行動や心理の特徴を理解するためには、心理学、脳科学（神経科学）、行動経済学などにおける理論や知見が役に立つはずです。しかし、当然ですが、人の行動や心理のすべてを理論で説明することはできません。むしろ、理論では説明できないことの方がはるかに多いと思います。このような、理論では説明できない部分については、個人の洞察によって理解を深めることが必要になります。

顧客を理解するために、観察調査などの定性調査を大量に経験することの有用性について上述しました。同様のことは、人間の行動や心理を理解するためにも有効ではないかと考えられます。自分の周囲にいる人たちの言葉や行動を観察し、その心理を洞察する。こうした経験を蓄積することで、人の行動や心理についての観察眼が磨かれるのだと思います。

第1部の中で、非常に多くのマーケターが、優れたマーケターに必要な資質として「好奇心」をあげています。例えば**平野健二**さんは、「マーケターにとって、好奇心はなくてはならないものです」とし、**足立光**さんも「これからの時代、マーケターとしてますます重要になる資質が好奇心です」と述べています。

奥谷孝司さんは、「そもそもマーケターには、人間への興味が欠かせません」と語り、**伊藤秀二**さんは様々なことに興味を持つことの重要性に言及しています。さらに、**西口一希**さんは、マーケターとして成功している人は圧倒的に好奇心にあふれていることを指摘し、**伊東正明**さんはマーケターに必要な3つの資質の1つに「好奇心」を挙げています。

それではなぜ、プロフェッショナルマーケターの方々は、このように好奇心を重要視しているのでしょうか。好奇心の対象は様々に考えられますが、多くのマーケターに共通しているのは「人に対する興味、好奇心」の重要性を強調していることです。このことは、**音部大輔**さんのパートのタイトル「人間へのあくなき興味がマーケティングのプロを育てる」に端的に表れています。

上述したように、消費者は人としての一側面にすぎません。企業における購買担当者も、特定の人が役割として担当しているにすぎません。したがって、顧客を理解するためには、人の理解が欠かせないわけであり、人を理解するための土台に人への好奇心があるということなのだと考えられるでしょう。

4 企業内の階層によるマーケティングの捉え方の違い

●「機能としてのマーケティング」と「理念としてのマーケティング」

企業経営におけるマーケティングの役割は、2つの視点で捉えることができます。それは、「機能としてのマーケティング」と「理念としてのマーケティング」です。

「機能としてのマーケティング」は、企業や組織のマーケティング関連部門が担うものであり、マーケティング計画の策定と実行を司るというものです。

「理念としてのマーケティング」は、マーケティング以外の部署も含めた、企業のすべての構成員がマーケティングマインドを持って仕事を遂行するという、企業の志向や理念を指します。

例えば、本書の第1部のインタビューの中でネスレの**石橋昌文**さんは、「マーケティング&コミュニケーションズ本部には専門職としてのマーケターもいますが、社員全員がマーケティングマインドを持っていなければならないというのが当社の考え方です」と述べています。専門職としてのマーケターが行う仕事が「機能としてのマーケティング」であり、社員全員がマーケティングマインドを持つべしという企業の志向が「理念としてのマーケティング」として位置づけられます。

上述したように、マーケティングで最も重要な概念は顧客志向です。したがって、マーケティングマインドを持つということは、自分自身や自分の部署の仕事を計画、実行する際に、その仕事が、企業が提供する顧客への価値向上にどう結び付いているのかを常に自問しながら仕事を進めるという考え方や姿勢を持つということとなります。

マーケティング部門のスタッフにとっては、「機能としてのマーケティング」の遂行が主な仕事となるはずですが、気をつけていないと、その仕事を進める上での判断の中に、組織の都合が入り込んでくることになります。

そのことを回避するためには、自分自身がマーケティングマインドを持つことはもちろん、連携して仕事を行う周囲の人たちとの間でもその価値観を共有することが重要です。企業におけるすべての構成員がマーケティングマインドを持つことによって、先述したような組織の都合が顧客志向を阻害することが少なくなってくると考えられます。

マーケティング部門のスタッフ、マネジャー、ＣＭＯと階層が上がるにつれて、「機能としてのマーケティング」を遂行することから、「理念としてのマーケティング」を企業全体に浸透させることへのウェイトが高くなるはずです。

●ＣＭＯの役割

ＣＭＯはChief Marketing Officer（最高マーケティング責任者）の略であり、ＣＥＯ（最高経営責任者）やＣＯＯ（最高業務責任者）、ＣＦＯ（最高財務責任者）などとともに経営層の一員として、社内全体のマーケティングを指揮・統括する役割を担うとされます。

２０１３年の経済産業省の調査によると、米国のフォーチュン５００社の中でＣＭＯを設置している企業は62％に上ります（『消費インテリジェンスに関する懇談会報告書』２０１３年）。

一方、中央大学の田中洋らは、日本のすべての上場企業を対象として、企業の公開情報に基づいてＣＭＯに関する人事情報を整理しています（「日本型ＣＭＯの現状と展望―ＣＭＯは業績にどの程度貢献しているか―」『マーケティング・ジャーナル』Ｖｏｌ．39、Ｎｏ．１、２０１９年）。

それによると、狭義のＣＭＯ（役員レベルのみ）を設置している日本企業は７・９％、広義のＣＭＯ（マーケティング本部長、マーケティング部長も含む）では11・３％となっています。他の調査をみても、ＣＭＯを置いている日本企業の比率がかなり低い水準にとどまっていることが分かります。

田中らの研究では企業の業績データの分析から、ＣＭＯを置いている企業はそうでない企業より売上伸長率が高いという傾向を見いだしています。また、海外の近年の研究においても、ＣＭＯの設置が業績にポジティブな影響をもたらすということが実証されています（例えば、Germann et al., "The Chief Marketing Officer Matters!," *Journal of Marketing*, 79, 2015）。

それでは、ＣＭＯの設置は、なぜ企業業績にポジティブな影響を与えるのでしょうか。ＣＭＯの役割は様々に整理されていますが、ここでは以下の３つに大きく分けて説明します。それらは、マーケティング活動の統括、マーケティングマインドの醸成、経営への関与の３つです。

最初の役割は、マーケティング関連部門が計画・実行するマーケティング活動を統括するという役割です。上述した、機能としてのマーケティングを効果的に実行するための総合指揮を執るということです。2番目の役割は、理念としてのマーケティングに関わる部分であり、企業全体におけるマーケティングマインドを醸成するための中心的な役割を担います。そして、最後の役割は経営への関与です。

第1部で、NECのCMOである**榎本亮**さんは、CMOの本質的な役割として、「5年先、10年先の市場環境や顧客ニーズを予測し、今からどのような手を打っておくべきか、CEOとコミュニケーションすること」をあげています。

この点に関連し、CMOには、企業経営における「チェンジエージェント（変革の推進者）」の役割が求められるという考え方も一般的になってきています。特定の業界で長く活動している企業は、既存の製品、サービス、顧客を基盤にビジネスを行っているため、組織慣性が働きやすい存在です。つまり、企業内部からの主体的な変革がなかなか起こりにくいということです。

一方でCMOは、市場環境や顧客などの企業の外側の視点から変革の必要性を認識しやすい立場であると考えられます。上述した**榎本亮**さんは、「市場の力によってNECを変革するために、私は経営陣の末席に座っていると考えています」と述べています。

経済のグローバル化、デジタルトランスフォーメーションの進展、少子高齢化の加速、消費の多様化など、企業を取り巻く経営環境は目まぐるしく変化しており、変化のスピードもますます速くなっています。CMOのチェンジエージェントとしての役割は、今後ますます大きくなっていくと考えられます。

このようにCMOには、機能としてのマーケティングを効果的に遂行するための舵取りだけではなく、企業全体のマーケティングマインドの醸成、経営への関与、チェンジエージェントとしての役割というように、企業の成長のための重要な役割が求められることになります。このような役割を果たしていることが、先述した、CMOを設置している企業の好業績につながっていると考えることができるでしょう。

●マーケティングとは経営そのもの

企業には、生産、研究開発、人事、総務、財務など、様々な部署と機能があります。マーケティングも企業が有する機能の一つです。にもかかわらず、第1部に登場した多くの方々が、マーケティングは経営そのものであるという趣旨のことを述べています。

例えば、カルビーの社長である**伊藤秀二**さんは「経営＝マーケティングであり、企業活動自体がマーケティングだ」と指摘し、カゴメ社長の**寺田直行**さんも「マーケティングと経営は非常に似ている」と語っています。さらに、社長、CMOの経験を持っている**足立光**さんも「私は経験上、マーケティングは経営とほぼイコールだと考えています」と述べ、現在、吉野家の経営陣の一員となっている**伊東正明**さんも「私の考えでは、マーケティングとは経営そのものです」としています。

もちろん、第1部に登場する方々はいずれも、マーケティング領域の仕事との関連が深いために、上記のような発言をしやすいのだと考えることもできます。人事畑出身の経営者は、「人事は経営そのもの」だと考え、財務の経験が長い経営者は「財務は経営そのもの」だと信じるのかもしれません。

そこで試みに、検索エンジンを利用して「○○は経営そのもの」というキーワードで、○○のところに企業の様々な機能を入れて検索をしてみました。その結果、「マーケティングは経営そのもの」というキーワードによる検索結果が約4700件と圧倒的に多くヒットし、次いで「人事は経営そのもの」が537件、その他の機能は0または一桁台の件数にとどまりました（Googleを利用、検索日は2019年11月12日）。このことから、マーケティングは経営そのものだという発言や記述が、他の経営機能に比して抜きんでて多いことが分かります。

ではなぜ、企業の一機能であるマーケティングが上記のように位置づけられるのでしょうか。このことに関連し、**寺田直行**さんは「時代認識を磨き、時代のニーズに敏感でないと良い商品はつくれませんし、企業経営も同じで、時代認識をもとに企業価値を磨いていかないと成長することはできません。マーケティングの発想を、より広い領域に応用したのが経営と言えるのではないでしょうか」と語っています。このように、社会や顧客の現状とニーズを的確に捉えて価値を形成するというプロセスが、経営とマーケティングでは共通していると理解できます。

社会における企業価値を育成するのか、顧客にとっての製品やブランドの価値を形成するのかという点で、経営とマーケティングは異なります。一方で、今日のマーケティングでは、顧客にとっての価値の向上を、社会全体の利益に資する方法で成し遂げるということが、ますます求められるようになってきています。このように考えると、「マーケティングとは経営そのもの」という捉え方は、今後さらに一般的になっていくと考えられます。

●階層によるマーケターの役割の相違

マーケティング部門のスタッフ、マネジャー、ＣＭＯでは、組織上の階層が違い、役割も異なります。マーケティング・スタッフとＣＭＯの役割や仕事の内容は相似形ではありません。

ＣＭＯは経営視点を踏まえ、会社全体のマーケティング方針を設定し、マーケティング部門に方針や指示を与えます。ＣＭＯの方針や指示をもとにブランドごと、プロジェクトごとに何をすべきなのか、具体的な施策を考えるのが部長、課長などマネジャークラスのマーケターです。さらに、その指示の下でスタッフレベルのマーケターが様々なマーケティング業務を実行していくというのが一般的なフォーメーションです。

こうしたマーケティング部門の組織階層とそれぞれの具体的な業務や役割を踏まえると、スタッフレベルのマーケター、特に新人に「マーケティングは経営そのものである」と伝えても、その本質的な意味は伝わらないと思います。むしろ、最初から経営視点を求めることは、スタッフにとってマイナスの影響を及ぼすおそれもあります。

実務においては、若いマーケターには実践的なＨｏｗから教えることが合理的であると考えられます。まずＨｏｗを通してマーケティングの実務経験を積み、マーケターとして必要な基本的な知識やスキルを順に身につけるのです。

もちろん、若いマーケターは実務を通して研鑽を積むだけでなく、専門書をはじめとする読書や社内外の研修などを通して学ぶことも欠かせません。その際に重要なことは、常に現状よりひとつ、ふたつ上の階層の視点を持って取り組むことです。

今、目の前にある業務を確実にこなすことは最低限必要なことではありますが、それとともに視点を少し上げ、マーケティングを一歩高い視点から眺め、次のステップに進むには自分には何が必要なのかを考え、あるいは自分が今後、目指すべき方向を確かめるのです。そういう努力とトレーニングを続けていけば、間違いなくマーケターとしての力がついていくでしょう。

なお、Ｈｏｗを身につけることは、階層が上がれば上がるほどその必要性が低下していきます。なぜなら、階層が上がるにつれて、ＷｈａｔやＷｈｙを考えなければならないからです。

具体的な業務課題について何を行うべきかを考え、それがなぜいま自社のマーケティングにとって必要なのかをまとめ、説明し、実践できるのが、おおむね課長・部長クラスになります。

さらに、市場環境や顧客などの企業の外側の視点から、何がなぜ経営課題になるのかを見定めることがＣＭＯの役割だといえるでしょう。

5 マーケターに求められる資質

●マーケティングにおける独自性の重要さ

現在マーケティングに携わっている若いマーケターや、これからマーケティングを学ぼうとしている方々に伝えたいのは、マーケティングの理論や定石を知っていれば、それだけで優れたマーケティングを計画したり実行できたりするわけではないということです。

これは、理論の勉強や優れた実務事例を学ぶことが必要ないという意味ではありません。それらはマーケターとしての基礎体力づくりに役立ちます。しかし、それだけでは現実の実務の世界で直面する課題を解決することはできません。

先述した通り、現実世界でマーケティングを実行する際の環境与件は千差万別です。また、顧客が利用するメディアもマーケターが利用できる手法も日進月歩で変化していきます。こうした環境変化や多様性のすべてをカバーするような、体系化されたマーケティングの理論は存在しません。今後も、そのような万能な理論が世に出ることはないはずです。

企業の現場において成果を出しているマーケターは、基本的な理論や考え方を押さえた上で、そのときの状況に応じた適切で独自性のある打ち手を実践しているからこそ、高い業績をあげているのです。

ここで、独自性のある打ち手がなぜ必要なのかを考えておきたいと思います。

先述したように、人間の心理や行動の特徴の本質的な部分は、昔も今も、日本でも外国でも大きな差はありません。マーケティングにおける人間理解の重要性は、そのことを前提としています。

しかし、メディアや生活環境は常に変わっていきます。また、製品やサービスによって、消費者の関与度や知識が異なり、そのことが購買行動や消費行動に影響します。したがって、人間の本質的部分は変わらないとしても、時代により製品領域によって、消費者の心理や行動には相違があります。

また、業界が違えばビジネスの構造が異なり、同じ業界でも企業によってポジションが異なります。このように、個別のマーケティング環境は多種多様であり、これらの環境の相違に応じてマーケティングの最適解が異なります。したがって、マーケティングの実践はひとつひとつオリジナルなものにならざるを得ないということです。

一方で、最初から全てオリジナルな方法で組み立てようとすると、それはまたあまりにも非効率です。そこで、過去の成功事例や失敗事例を参考にして、戦略や施策を検討するというアプローチも多く行われています。ただし、事例はあくまでも参考にするのであって、そのまま真似ても決してうまくいきません。

マーケティングの独自性は、理論や定石を土台とし、対象とする顧客に関する深い理解と市場環境の適切な把握をもとに、過去の事例を参考にしながら生み出されるものだということができるでしょう。

そして、独自性の高いマーケティングを計画するために有効な方法として強調したいのが、次に述べる常識の盲点の発見と活用です。

●常識の盲点と隠れたバイアスを発見する

マーケティングの現場では、「主婦はこのように考えるはずだ」「高齢者はこういう買い方をする」といった、根拠のないステレオタイプに基づいた発言が飛び交うことも少なくありません。毎年実施しているキャンペーンだから今年も行うというように、過去の延長線上でモノゴトを考えがちなのも、実務の現場で起こりやすいバイアスの一種です。

優れたマーケターに求められるのは、このようなステレオタイプやバイアスを理解し、それらに惑わされるのではなく、むしろ活用することです。

マーケティングに「当たり前」はありません。仮説を立てるとき、施策を検討するときに、検討の前提が間違っていないか、判断の過程でバイアスが働いていないかなどを、くどいくらいに問い続ける必要があります。

ステレオタイプやバイアスは、あらゆる所に存在します。マスコミが発信するニュース、専門家が執筆した書籍、消費者調査の結果の中にもさまざまなバイアスが入り込む可能性があります。マスコミや専門家による情報を疑い、消費者調査の結果をうのみにせず、業界の常識を絶体視しないという姿勢が重要です。

カセットプレーヤーは録音と再生ができて当たり前だと思われていた時代に、あえて録音機能を削ることで、ソニーのウォークマンが生まれました。運動靴は左右対称が当然だと誰もが考える中で、左右の形状が異なるアキレスの瞬足が開発されました。見ず知らずの他人を自宅に泊めるなどあり得ないという常識に反して、エアビーアンドビーは市民権を得ました。２０１１年の東日本大震災直後、企業がＣＭを自粛するのが当然とされる中、あえてエステーは「消臭力」のテレビ広告を流し大きな共感を得ました。

この他にも、世の中の常識をくつがえすことで成功した製品やサービスは山ほどあります。このように考えると、世の中の常識の盲点や、誰も気付いていないバイアスを見つけることこそがマーケターの仕事の本質であるといっても過言ではないと思います。

常識の盲点、根拠のないステレオタイプ、隠れているバイアス、これらを発見すると、そこに独自性の高いマーケティングのヒントがあります。優れたマーケターには、これらを見いだすための観察眼が求められるのです。

●アイデアはアウトプットから

マーケティングの実務では、様々な場面でアイデアが求められます。**大久保恒夫**さんは、「仮説を立てるために必要なのは分析ではなく、創造性です」と述べています。

では、アイデアを生み出す創造性は、どのように訓練すればよいのでしょうか。実は、最初からアイデアを出すのが上手な人はいません。「自分はアイデアを生み出すのが下手です」という人は多くいますが、最初は誰でもそうでしょう。

本物のアイデアを生み出すためには、大量のアイデアを考えることが効果的です。特定のテーマについて、三つとか四つぐらいのアイデアで諦めず、１００個くらい出してみようと頑張ってみる。アイデアを生みだすことに優れた多くの人が、量が質につながるのだと述べています。

大量のアイデアをアウトプットすることを習慣づけていると、効果的なインプットができるようになります。書籍を読んでも、研修を受講しても、そこで語られている内容が自分の中にしみ込んできます。アウトプットを徹底することで、インプットが活性化するのです。

マーケティング業界でよく知られたジェームス・W・ヤング『アイデアのつくり方』によれば、「アイデアとは既存の要素の新しい組み合わせ以外の何ものでもない」とされています。既存要素の新しい組み合わせを思いつくためには、関連する事柄のインプットが欠かせません。インプットされた情報をもとに、考え続け、悩み続けて大量のアイデアを生成する。その繰り返しの中でしか、優れたアイデアを生み出すことはできないのです。

・外部とのつながりを大切にする

マーケティングの実務である程度経験を積むと、自社以外のマーケターとのつながりがとても大切になると思います。

自分では正しいことをやっていると信じていても、マーケティングには失敗がつきものであり、周囲からネガティブな目で見られることも少なからずあるからです。そうしたとき、誰しも自信がなくなったり、新しい挑戦ができなくなって小さくまとまったりしがちです。そこで大切なのが、社外に出て、自社以外のマーケターとつながることです。

また、マーケターが自社に閉じこもって外部と交流しない場合には、自社や業界の常識の盲点に気が付きにくくなってしまいます。外部との交流は、そうした限界を取り払う効果があるのです。**石橋昌文**さんは、同じ社内ではありますがイギリスとスイスで仕事をした経験から、「お互いの違い、つまり多様性を理解することが、実は大きな気づきを生むのです」と指摘しています。

外部とのつながりは、マーケターとしての成長にもつながります。**平野健二**さんは20代の頃、外部からの無謀とも思える講師依頼を敢えて引き受けた経験について、「恐れずに飛び込み、必死にやってみるときっと何とかなるし、自分の世界がどんどん広がっていく」と振り返っています。**木村美代子**さんは、「これからの時代、マーケターに必要なのは、自分の強みや自分らしさはしっかり持ちつつ、周りからいろいろなものを取り入れ、自分を進化させていくことです」と語っています。

そうした経験の積み重ねは、人間的な成長をもたらすでしょう。**清水俊明**さんは、「より高次元なマーケティングを展開するためには人としての心の成長が不可欠」だとしています。プロフェッショナルマーケターとは、人としてのトータルな人間性によって裏打ちされた存在であるはずです。

以上、第2部では、実務の世界でプロフェッショナルマーケターとして活躍したいと考えている方々へのヒントを整理するために、第1部に登場したマーケターに共通する行動様式や考え方を、マーケティングの基本的な考え方を考慮しながら検討しました。

その検討から抽出されたヒントの中で、最後に次の3点を強調したいと思います。その一つは、顧客志向は企業にとって当たり前の考え方であるにもかかわらず、企業活動の中では社内事情や組織の都合が優先されてしまう場合が多々あるということです。マーケターはこのことを常に念頭におき、組織の意思決定や行動が顧客志向から外れないような舵取りを担う必要があります。

2点目は、顧客を理解するための観察眼は訓練によって磨くことが可能だということです。そして、顧客理解の土台には人の行動や心理の理解があり、その理解を向上するためには人に対する興味や好奇心を持つことが重要だということです。マーケターとして成長するためには、このことを念頭において、顧客、消費者、そして人の行動や心理に関する観察眼を磨くことが求められます。

最後に、常識の盲点、根拠のないステレオタイプ、隠れているバイアス、これらを発見することの重要性も強調しておきます。独自性の高いマーケティングの多くが、これらの発見から生み出されてきました。これらのバイアスや盲点は、意識していなければ見いだすことはできません。常識や当たり前をうのみにしない姿勢も、優れたマーケターに共通するポイントだと考えられます。

守口剛、鹿毛康司、富永朋信

おわりに

ＭＣＥＩ（Marketing Communications Executives International）は、マーケティングを学ぶ国内外の人々に門戸を開放し、その活動を支援するとともに生涯学習教育に寄与し、人々の豊かな暮らしを実現することを目的とする組織です。スイスのジュネーブに国際本部があり、今では世界15支部がマーケティングを通して交流しています。

ＭＣＥＩ東京支部は２０１９年、50周年を迎えました。

50周年の基本方針を「不易流行」とし、スローガンとして「時代を超えて変わるカタチ、変わらない想い『ワー！ ウレシイ！ アリガトウ！』をつくる」と定めました。

そのコンセプトを具現化する様々な取り組みの一つがこの書籍の出版です。

創設理事長・水口健次の本質と50年間の価値の蓄積に加えて、今後の価値リードへの決意と組織の永続的発展を担う次世代への励みとなることを狙いとしています。

我々は今、非連続ともいえる大きな転換期に差し掛かっているとの認識の下、それをブレークスルーするための指針となることも期待しております。

先鋭のプロマーケター18名の様々な主張を一堂に集め、その本質をまとめたこの書籍は、マーケティングをリードし続けるＭＣＥＩの象徴として、今後の日本を担う、プロマーケターを志す人たちの道しるべとなると信じています。

ＭＣＥＩ東京支部「プロフェッショナルマーケター」出版委員会

小野敏博

鹿毛康司

富永朋信

中島良彦

［編著者紹介］

守口 剛（もりぐち・たけし）

早稲田大学　商学学術院教授

早稲田大学政治経済学部卒業。東京工業大学理工学研究科経営工学専攻博士課程修了、博士（工学）。財団法人流通経済研究所、立教大学を経て、2005年から現職。主な著書に、「プロモーション効果分析」（朝倉書店）、「消費者行動論～購買心理からニューロマーケティングまで」（共編著・八千代出版）、「マーケティング・サイエンス入門」（共著・有斐閣）、「セールス・プロモーションの実際」（共著・日経文庫）など多数。

NPO法人MCEI東京支部

MCEI（Marketing Communications Executives International）は、1954年にアメリカで誕生し、東京支部は15年後の1969年に、水口健次氏によって設立され、スイスの国際本部と世界15支部を有する「マーケティングの実務家集団」。実践で培ったナレッジ・ノウハウを生かし、各種研究会、ビジネススクール、機関誌の発行、会員提言集「百人百語」、国際交流など様々な活動を行い、マーケティングの価値向上、マーケターの養成などに努めている。

プロフェッショナルマーケター

マーケティング最先鋭の言葉

2019年12月11日　第1刷発行

編著者——早稲田大学商学学術院教授　守口 剛
MCEI東京支部「プロフェッショナルマーケター」
出版委員会

発　売——ダイヤモンド社
〒150-8409　東京都渋谷区神宮前6-12-17
http://www.diamond.co.jp/
販売　TEL 03･5778･7240

発行所——ダイヤモンド・リテイルメディア
〒101-0051　東京都千代田区神田神保町1-6-1
http://www.diamond-rm.net/
編集　TEL 03･5259･5940

装丁デザイン—渡邊民人（TYPE FACE）
本文デザイン—清水真理子（TYPE FACE）
印刷・製本—ダイヤモンド・グラフィック社
編集協力——古井一匡
編集担当——石川純一

ISBN 978-4-478-09062-6